Johann Georg Reißmüller

Die vergessene Hälfte

Johann Georg
Reißmüller

Die vergessene Hälfte

Osteuropa und wir

Mit einem Vorwort von Otto B. Roegele

Langen Müller

Umschlaggestaltung: Christel Aumann, München
Satz: SatzStudio Pfeifer, Germering bei München
Druck und Binden: May & Co, Darmstadt
Printed in Germany 1986
ISBN 3-7844-2124-5

Inhalt

Vorwort

»Der Journalist schreibt, das ist eine einfache Übersetzung, ›für den Tag‹«, meinte der passionierte Journalist Theodor Heuss (in einem 1912 veröffentlichten Aufsatz im »Protestantenblatt«). Er hielt dies nicht für eine minder wertvolle Art des Schreibens, im Gegenteil: die Arbeit »für den Tag« gelinge nur bei besonderer geistiger Konzentration, Spannkraft, Wachheit und »geschichtlicher Entschlossenheit«. Wie ist es aber, wenn der Journalist aus dem, was er »für den Tag« geschrieben hat, ein Buch macht, das dauern soll, das – wenn schon nicht gerade für die Ewigkeit, so doch wenigstens für eine Reihe von Jahren – dem Leser gültiges Wissen bereithalten muß? Geht dann der von Theodor Heuss so geschätzte Vorzug des Journalistischen verloren an die befristete Ewigkeit des zwischen Buchdeckeln Aufgehobenen?

Wo es sich um die Schilderung aktueller Geschehnisse handelt, um die farbenprächtige Reportage eines Fußballspiels oder den doppelbödig-ironischen Bericht über den Staatsbesuch eines eher unerwünschten Gastes, mag es so sein. Was nur für den Augenblick wahrgenommen wurde, vergeht auch mit ihm. Anders verhält es sich mit dem analytischen Kommentar, mit der Ausfaltung von Zusammenhängen, mit der Komposition des Geschehens vor dem Hintergrund der Geschichte. Hier wirkt Bleibendes, wenn auch herausgehoben durch die Beziehung zur Aktualität, die es erlaubt, ja rechtfertigt, daß die Tageszeitung sich damit beschäftigt.

Von solcher Art sind die Aufsätze, die in diesem Band vereinigt sind. Ihr Verfasser, Johann Georg Reißmüller, kam auf Umwegen und verhältnismäßig spät zum Schreiben »für den Tag«. 1932 in Leitmeritz (Böhmen) geboren, wurde er im Alter von vierzehn Jahren mit seiner Familie in die damals so genannte »Sowjetische

Besatzungszone« ausgewiesen. Als Oberschüler bekam er Streit mit den Kommunisten, er floh über Berlin in die Bundesrepublik. Nach Abitur, Jura-Studium und Staatsexamen (1955) in Tübingen trat er in die Redaktion der »Juristenzeitung« ein. Bei Günter Dürig wurde er mit einer Arbeit über die Schranken des allgemeinen Freiheitsrechts im Grundgesetz promoviert. Dann zog es ihn von der rechtswissenschaftlichen Zeitschrift zum politischen Journalismus: Seit 1961 dient er der »Frankfurter Allgemeinen Zeitung« als Redakteur, als Korrespondent in Belgrad (1967 bis 1971), als Interviewer und Reiseberichterstatter, seit 1974 als Mitherausgeber.

Nicht ohne Grund wendet er den Ländern Ost- und Südost-Europas seine besondere Aufmerksamkeit zu. Als Sohn eines k.u.k.-Offiziers, der in den geographischen und historischen Dimensionen des Habsburger-Reiches lebte und zu denken gewohnt war, hat er keine Mühe, über die Beherrschung der sprachlichen Mittel hinaus auch die Verständigung über das Gemeinte (das zuweilen nicht ausgesprochen werden kann) zu erreichen. Und wie könnten die vielschichtigen Zustände, die subtilen Unterschiede, die feinen Nuancierungen in der Politik und Mentalität dieser Länder erfaßt werden ohne eine solche Gabe der Einfühlung, ohne solches Wissen von der fortwirkenden Vergangenheit? Sein 1971 veröffentlichtes Buch über »Jugoslawien – Vielvölkerstaat zwischen Ost und West« legt davon Zeugnis ab.

Gerade für den Journalisten gilt die Erfahrungsregel, daß Menge und Qualität dessen, was man zu erfahren vermag, von Menge und Qualität des mitgebrachten Wissens abhängen. Nur wer es fertig bringt, den Gesprächspartner in einen Gedankenaustausch zu verwickeln, der auch diesem interessant, ja informativ erscheint, kann die Grenzen überwinden, innerhalb deren nur vorgestanzte »statements« abgegeben werden.

Johann Georg Reißmüller kennt sich in der Region, die er zu seinem Spezialgebiet erwählt hat, vorzüglich aus. Durch regelmäßig wiederholte Besuche hält er seine Kontakte und seine Kenntnisse frisch. Er begnügt sich nicht mit der Beobachtung des Spiels im Vordergrund der Bühne. Er hat sich Themenbereiche erarbeitet, die ihm als Gesprächspartner wie als Berichterstatter Seltenheitswert verschaffen: Ideologie und Herrschaftspraxis des Kommunismus in ihren nationalen Varianten, das (auch im Kommunismus nur theoretisch-prinzipiell, nicht realpolitisch gelöste) Problem der Nationalitäten im Einheitsstaat, die politische Rolle des Papsttums und der katholischen Kirche, die inneren Auseinandersetzungen des nachkonziliaren Katholizismus, das mühsame, oft heroische Ringen von vielen einzelnen Intellektuellen, Künstlern, Geistlichen um ein Minimum persönlichen Freiheitsraumes, der das Leben erträglich, vielleicht sogar lebenswert macht.

Der Reiz vieler Berichte Reißmüllers besteht darin, daß der Leser sofort spürt: Der Autor weiß weit mehr, als er schreiben kann. Oft ist nicht alles ans Licht zu bringen, weil Gefahr für den Informanten droht. Aber alles, was zu erfahren war, ist in das Gesamtbild eingegangen, bestimmt das Urteil, findet sich zwischen den Zeilen, teilt sich dem aufmerksamen Leser mit. Diese Art des Journalismus ist heute ganz unentbehrlich, sie muß mit Umsicht und Sorgfalt gepflegt werden. Früher mögen die Unterdrückungsmittel der Obrigkeit gröber gewesen sein, sie waren aber auch leichter zu überlisten. Der Journalist, der aus der freien Welt kommt und in diese zurückkehrt, muß die Last dessen, der in der Unfreiheit verbleiben muß, in stellvertretender Verantwortung mittragen. Dazu bedarf es eines hohen Maßes an Sachkunde, Urteilsvermögen und Diskretion.

Über System und Realität der kommunistischen Welt macht sich Johann Georg Reißmüller keine Illusionen; aber er wirbt zuweilen um Verständnis für die Zwangslagen, in denen sich die Völker und ihre Politiker befinden. Er sagt ohne Umschweife, wo Menschenrechte verletzt, wo Freiheit unterdrückt und Minderheiten diskriminiert werden. Aber er tut es mit Gelassenheit und ohne anklägerische Gebärde. Für ihn ist der Totalitarismus nicht weniger schlimm geworden, weil er schon lange besteht. Er tritt für die Lebensrechte auch der deutschen Volksgruppe ein, selbst wenn es die offizielle Politik für opportun hält, von diesem Problem möglichst zu schweigen. Die Schwankungen des außenpolitischen Klimas registriert er, sie können sein Urteil aber nicht beeinflussen.

Deshalb ist auch alles, was Johann Georg Reißmüller dem Leser vorsetzt, durch und durch verständlich, einfühlbar und anschaulich. Er schreibt ohne den Anspruch, »Literatur« zu produzieren, und gerade deshalb musterhaft, ja meisterlich. Die Unbestechlichkeit des Beobachters findet ihre Entsprechung in der Sensibilität der Sprache, in der Klarheit des Satzbaus, im Verzicht auf Schnörkel und bloße Dekoration.

Es ist freilich wahr: Journalismus von dieser Art kann man weder lehren noch lernen. Die lernende Bemühung eines ganzen Lebens gehört dazu. Der Jurist, der Historiker, der homo politicus, der Kenner von Land und Leuten – diese einmalige, in dieser einen Persönlichkeit gegebene Mischung ist kein Muster, das sich wiederholen ließe. Weil sie, zuweilen überraschend, unmittelbar aus der Aktualität weg- und in die geistig-kulturellen Voraussetzungen führen, die jene erklären und erhellen können, aber auch für sich von Bedeutung sind und bestehen bleiben, lohnt es sich, das »für den Tag« Geschriebene auch nach Jahr und Tag zu lesen, wiederzulesen. Das macht den unverwechselbaren Duktus dieser Beiträge aus, daß in ihnen eine ständige Pendelbewegung zwischen dem Ereignishaften und dem Bleibenden, dem Aktuellen und dem Historischen, dem Faktischen und dem Ideellen stattfindet. Und da alles vom Konkreten seinen Ausgang nimmt, fehlt ihm auch nicht die Spannung und die Lebensmächtigkeit des Konkreten.

Otto B. Roegele

I.
Das rote Imperium
Die Sowjetunion und ihre Verbündeten

Bald nach dem Zweiten Weltkrieg war der Sowjetunion ein Traum erfüllt: nicht länger fing die feindliche kapitalistische Welt schon an ihrer Westgrenze an; vielmehr besaß sie nun einen breiten westlichen Vorhof, in dem ihr Wille galt. Mehrere angenehme Seiten hatte der Zugewinn. Die beherrschten Länder dienten als Schutzstreifen, als politische und militärische Hilfsverbände, sie ließen sich auch wirtschaftlich ausbeuten. Erst die sowjetischen Führer nach Stalin merkten, daß der Zuwachs zugleich Last war. Mit Ungarn, der Tschechoslowakei und Polen, dem Deutschland zwischen Oder und Elbe war ein Stück Mitteleuropa ins sowjetische Imperium gekommen, ein dem russisch-sowjetischen fremder Geist, der nun wie ein sperriger Gegenstand störte. Die Nationen Ostmittel- und Südosteuropas ließen sich nicht einschmelzen, sondern beharrten jede auf ihrer Persönlichkeit. Diesen Willen zur Selbstbehauptung nahmen ihre Parteiführer auf – wenn auch langsam und bruchstückhaft. Noch mehr: die Sowjetunion hatte mit der Staatenwelt Zwischeneuropas zugleich deren ungelöste nationale Fragen übernommen, sowohl in den einzelnen Ländern als auch zwischen ihnen. Gorbatschow wird mit dem Vorhof noch mehr Sorgen haben als Chruschtschow und Breschnew.

Nationale Fragen ohne Antwort
22. Oktober 1980

Zwischen den Völkern Osteuropas, nicht nur denen des sowjetischen Lagers, stehen Trennwände: zählebige Erscheinungsformen des alten Nationalismus. »Nationale Fragen«, die es im östlichen Teil unseres Kontinents in Fülle gibt, spannen das Verhältnis nicht nur zwischen Nachbarstaaten an, sondern auch zwischen Nationalitäten in einem Staat. Nur notdürftig kann die kommunistische Herrschaft, die auf Osteuropa liegt, diese vielfältigen Gegensätze zudecken. Wenn sie aufbrechen, wird manchem biederen Westeuropäer so sehr Angst, daß er sich im Ernst fragt, ob denn nicht gegenüber einem – denkbaren – freien Osteuropa, das sich vielleicht ungehemmt seinen Nationalismen hingeben würde, die Einbindung unserer östlichen Nachbarn in den disziplinierenden Leninismus das kleinere Übel sei.

Es macht den osteuropäischen Nationalismus nicht beruhigender, doch verstehbarer, daß er tiefe historische Wurzeln hat. Die Habsburger Monarchie, auf deren Boden der größere Teil der nationalen Auseinandersetzung sich abspielte, ist an ihm zerbrochen. Aufgestört von den nationalen Stürmen in der ersten Hälfte des vorigen Jahrhunderts, hatte sie in der zweiten Hälfte versucht, die vulkanischen Energien, die da tobten, mit einer Umgliederung des Reiches in geordnete Bahnen zu leiten. Aber das Konzept, dem sie dabei folgte, war verkehrt; und am Ende war es für ein richtiges Konzept zu spät.

Im Rückblick zeigt sich heute, daß in der nach dem Ersten Weltkrieg auf den Trümmern Österreich-Ungarns errichteten neuen Ordnung eine Auflösung der nationalen Gegensätze vollends unmöglich war. Zwei Klassen von Staa-

ten gab es nun: mit reichem Territorialgewinn bedachte, wie die Tschechoslowakei oder Rumänien; daneben solche, die nichts bekommen hatten wie Bulgarien, oder sich amputiert fanden, wie Ungarn (und übrigens auch Deutsch-Österreich). Minderheiten lebten nun in Nationalstaaten, deren Mehrheitsnationen in ihrem nationalen Selbstgefühl sogar noch einen bescheidenen Föderalismus als Schmach empfunden hätten. Souveränitäts-Überschwang der neuen Staaten schnitt die Minderheiten von ihren Mutternationen jenseits der Staatsgrenzen ab. Und über alledem gab es nun nicht mehr eine übergreifende Institution, die Milderung und Ausgleich bringen konnte.
Friedlich sollten die Völker Osteuropas nach 1918 zusammenleben – doch in den zwanziger und dreißiger Jahren sammelte sich in Osteuropa nationaler Sprengstoff an wie lange nicht zuvor. Hitler, Stalin und Mussolini haben sich das zunutze gemacht. Nach dem Zweiten Weltkrieg wollten dann überkommener Nationalismus und stalinistischer Kommunismus, in einer Allianz verbunden, das Problem gewaltsam aus der Welt schaffen: mit Deportationen und Massenverfolgungen, mit nationaler Diskriminierung und Zwangsassimilierung; an manchen Stellen hatte das Züge von Völkermord. Grenzänderungen gab es dort, wo der sowjetrussische National-Imperialismus ein Interesse daran hatte.
Die grausame Generallösung hat nichts gelöst; nur das hat sie erreicht, daß die Deutschen aus Osteuropa verschwanden. Die nationalen Gegensätze auf dem östlichen Halbkontinent, zwischen Staaten und innerhalb einzelner Staaten, sind geblieben. In der verordneten leninistischen Scheinrealität kommen sie nicht vor; aber im wirklichen Leben der Völker kann man sie um so kräftiger spüren. Der osteuropäische Nationalismus überdauert, weil sich

Völker und abgetrennte Teile von Völkern in ihrer Existenz geschmälert fühlen.
Manchmal begegnet man in Osteuropa Leuten, die sich von den drückenden Sorgen ihrer Gegenwart den suchenden Blick in die Zukunft nicht verstellen lassen und dabei über die Zeit der Sowjetherrschaft hinwegdenken. Daß Grenzänderungen das Knäuel nationaler Fragen auflösen könnten, glauben sie meist nicht. Und in der Tat: Neue Grenzen brächten angesichts der Mischlage, in der in Osteuropa Nationen leben, nur neuen Streit. Deportationen und gewaltsame Entnationalisierung betrachtet heutzutage in Osteuropa keine Nation mehr als mögliche Mittel zur Lösung nationaler Konflikte. Das unausgesprochene Kalkül einiger Staatsführungen, die Industriegesellschaft werde nationale Minderheiten geräuschlos einschmelzen, hat sich in den meisten Fällen als Fehlrechnung erwiesen. Freiwillige Kollektivauswanderung von Volksgruppen kann nur die Folge unerträglicher Lebensverhältnisse sein. Wahrscheinlich wären die Nationen (und die nationalen Minderheiten) Südosteuropas in einer Donau-Konföderation am besten aufgehoben. Doch wenn die osteuropäischen Staaten eines Tages ihre Souveränität wiedererlangen, werden sie lange Zeit eifersüchtig darüber wachen.
So bleibt nur, daß die gemischtnationalen unter den osteuropäischen Ländern ihren ethnischen Gruppen weite und feste Garantien geben. Dieser Weg läßt sich schon jetzt beschreiten. Der Vielvölkerstaat Jugoslawien ist auf ihm bisher am weitesten vorangekommen, wenngleich auch er noch ungelöste nationale Fragen mit sich herumträgt. Die Tschechoslowakei hat sich 1968 föderalisiert; doch für die eingeengte ungarische Minderheit in der Südslowakei ist dabei nichts abgefallen.
Rumänien verliert mit seiner Minderheitenpolitik der

großherzigen Halbheiten in diesen Jahren seine Deutschen; aber seine zwei Millionen Ungarn könnte es noch zu gewinnen versuchen. Und was tut Ungarn für seine 200 000 Deutschen? Die Sowjetunion, als Föderation angelegt, betreibt die Russifizierung ihrer kleineren Völker. Heutzutage gilt in der Nationalitätenpolitik in Osteuropa, aufs ganze gesehen, von allen Rechten am meisten das Recht des Stärkeren.

Wie sich Osteuropa bewegt
4. November 1981

Als sich die Sowjetunion nach dem Zweiten Weltkrieg in Südost- und in Ostmitteleuropa festsetzte, wußte sie, daß sie die unter ihre Herrschaft gekommenen Völker gegen sich hatte; sie mißtraute aber auch von vornherein den von ihr eingesetzten Führern. Das hing mit den paranoiden Zügen Stalins in seinen letzten Lebensjahren zusammen, beruhte aber auch auf der richtigen Erkenntnis, daß Statthalter zur Eigenmächtigkeit neigen. Die Welle von Scheinprozessen gegen hohe Parteifunktionäre, die in der Endzeit Stalins durch die Satellitenländer ging, war die Folgerung. Das waren indes Schwierigkeiten, auf welche sich die Sowjetunion vorbereitet fühlte, mit denen sie nach alten Rezepten zurechtzukommen glaubte. Doch 1953 begann eine neue Art von Anfechtung ihrer Herrschaft im Vorhof – mit dem Aufstand in der DDR. In Moskau mochte man damals denken, es handle sich um eine deutsche Spezialität. Aber dann erhoben sich 1956 die Polen und die Ungarn; fast wäre der Funke auf Rumänien übergesprungen.

Für zwölf Jahre sank danach das sowjetisch beherrschte Osteuropa in den Zustand scheinbarer Unterordnung zurück – bis 1967/68 die Tschechen die Reihe der Revolten fortsetzten. Die Manifestationen der Unzufriedenheit, mit denen die Polen in den siebziger Jahren den Faden von 1956 mehrfach wiederaufnahmen, mündeten im Sommer 1980 mit dem Streik von Danzig in die größte Machtverschiebung, die es im Sowjetblock bisher gab.
Der 17. Juni 1953 hat sich für die Ostdeutschen gelohnt – ihre Obrigkeit überlegt seither sorgfältiger, was sie ihren Untertanen zumuten kann. Polen und Ungarn erstritten sich 1956 die Loslösung vom Spät-Stalinismus. Doch ließe sich nur mit einigem Zynismus sagen, auch die tschechische Reformbewegung von 1967 und 1968 sei erfolgreich gewesen. Die Tschechen und die Slowaken wurden für eine Reihe von Jahren von der Sowjetunion mit wirtschaftlichen Zugeständnissen beruhigt; politisch aber fielen sie weit hinter die Auflockerung der Jahre vor dem »Prager Frühling« zurück. Indes, die Tschechoslowakei ist ein Sonderfall. Die polnische Nation wird von ihrem Aufbegehren seit dem Sommer 1980 Früchte ernten. Denn wie immer es im einzelnen in Polen und mit Polen im Warschauer Pakt weitergehen mag – was sich in dem Land in den letzten fünfzehn Monaten gewandelt hat, läßt sich nicht mehr ganz zurückdrehen.
So ist denn der osteuropäische Vorhof für die Sowjetunion in schwer erträglichem Maße vielfältig und wird es immer mehr. Der Moskauer Einfluß darauf, wer die osteuropäischen Parteien führt, nimmt ab. In Polen verdankt schon seit 1956 kein einziger Parteichef mehr sein Amt einem sowjetischen Machtwort; und nie hätten die Sowjets Ceausescu an die Spitze Rumäniens gestellt. Die osteuropäischen Parteiführer werden eigenwilliger. Damit ist verknüpft, daß die Völker größere Ansprüche stellen. Sie ver-

langen mehr persönliche Bewegungsfreiheit, und dabei berühren sie die kritische Grenze, an der persönliche zu politischer Freiheit wird. Die osteuropäischen Nationen stellen der Sowjetunion aber auch wirtschaftliche Forderungen, und das in einer Zeit, da die Sowjetunion selber erschrocken die sich verengenden Grenzen ihrer ökonomischen Möglichkeiten wahrnimmt.
In solcher Lage müßte es in Moskau naheliegen, darüber nachzudenken, ob nicht der osteuropäische Vorhof immer mehr zur Belastung wird, ob sich nicht die ganze Errungenschaft des »Lagers« in seinem europäischen Teil immer mehr als Fehlkonstruktion erweist. Dabei kämen mehrere Gedankenlinien in Betracht. Eine zum Beispiel führte dahin, zunächst Polen und dann andere Blockländer in eine innere Autonomie und begrenzte außenpolitische Souveränität zu entlassen. Das liefe auf eine Art finnischen Status' hinaus. Er könnte der Sowjetunion jedenfalls unter der Bedingung vorteilhaft erscheinen, daß auf der anderen Seite die Vereinigten Staaten sich militärisch aus Europa zurückziehen.
Wir wissen nicht, ob in den Moskauer Kanzleien solche Gedanken gedacht, ob sie gar erörtert werden. Viele Gründe sprechen dafür, daß Moskau eine wirkliche Auflösung seines Lagers in Osteuropa für undenkbar hält. Für die Sowjetführer ist es das höchste Gebot, die »sozialistische Welt« ungeschmälert zu erhalten. Andere Gründe kommen hinzu. In den fünfunddreißig Jahren seit dem Kriegsende haben die Sowjets es schätzengelernt, daß zwischen ihrem Staat und dem Westen ein ihnen gehörender Sicherheitsstreifen liegt, der ihre Bevölkerung von westlichen Einflüssen abschirmt. Und sie erwarten auch sicher nicht, daß die Nationen in diesem Streifen, einmal aus dem Block entlassen, den Finnen von heute nacheifern würden. Über kurz oder lang – so dürften die Sowjets kalkulie-

ren – würden die vom Block losgebundenen Staaten sich politisch zum Westen schlagen.
So wird die Sowjetunion ihr Lager behalten und in Kauf nehmen, daß es immer schwieriger wird, es zu beherrschen. Die nach dem Krieg unterworfenen Nationen zu gewinnen, sie auch innerlich an sich zu binden – diese Möglichkeit hat die Sowjetunion längst verspielt. Physische Macht, erzwungene wirtschaftliche Verflechtung und weitgehende, wenn auch nicht vollständige Übereinstimmung der Interessen zwischen den Führungsschichten einerseits in Moskau, andererseits im Vorhof – das sind die Mittel, mit denen die Sowjetunion das Lager zusammenhält. Eines Tages werden sie nicht mehr wirksam sein. Aber bis dahin können noch viele Jahrzehnte vergehen.

Gibt es den Ostblock?
4. Dezember 1981

Manche Kenner des kommunistischen Osteuropa vermeiden das Wort Ostblock nicht nur, sie warnen auch vor seinem Gebrauch: »Ostblock« zu sagen, das sei für die osteuropäischen Nationen herabwürdigend; es lasse sie als ununterscheidbaren Bestandteil eines Klumpens erscheinen, leugne damit ihre Individualität, treffe sie im Selbstbewußtsein.
Der Gedanke läßt sich hören, aber die Einwände liegen nahe. Die psychische Fortexistenz der europäischen Völker im Osten wird nicht davon betroffen, daß der Westen das sowjetische Imperium, zu dem sie seit Jahrzehnten gehören, mit einem handlichen Wort bezeichnet. Für den

Westen andererseits kann es gefährlich sein, wenn er, der sich schon für seine eigenen Zustände bedenklich viele Benennungsverbote auferlegt hat, nun auch noch gefährliche Realitäten der Außenwelt sprachlich umginge. Das wäre ein Selbstbetrug, der vom Sprechen rasch ins Denken durchschlüge.

Wenn es also den Ostblock gibt, dann müssen wir ihn auch so heißen. Aber gibt es ihn wirklich? Wer heute Osteuropa abfühlt, der könnte daran zweifeln. Der Vorhof der Sowjetunion bietet sich als eine zerklüftete Landschaft dar. In Polen ist seit über fünfzehn Monaten die Herrschaft der Partei über das Land so geschwächt, der Leninismus als Herrschaftsordnung so verdünnt, daß die Führer in Moskau sich wahrscheinlich überwinden müssen, wenn sie dem Nachbarstaat noch das Prädikat »kommunistisch« oder auch nur »sozialistisch« (in ihrem Sprachgebrauch) zugestehen. Neben der Partei stehen zwei andere, an tatsächlicher Macht ihr gleichrangige Kräfte. Die eine ist eine unabhängige Gewerkschaft mit Massenanhang. Es macht die Sache für die Sowjetunion nicht besser, daß die dritte Macht, die katholische Kirche, sich um Frieden im Land und um Ausgleich zwischen Partei und Gewerkschaft bemüht; damit wird sie noch mehr zum eigentlichen Repräsentanten der Nation.

Die Sowjetunion hätte dem, was sie als grausigen Spuk betrachten mag, längst mit Gewalt ein Ende setzen können; und sie kann es weiterhin. Aber sie scheute bisher davor zurück, weil sie nicht weiß, wie sie in einem besetzten Polen das, was für sie die höchste Unordnung ist, durch eine leninistische Ordnung ersetzen könnte, die nicht nur proklamiert wäre, sondern auch wirksam. Es ist nichts Geringeres als die Machtfrage – nicht etwa die in der Welt, im Ost-West-Verhältnis, sondern allein die in Polen –, die Moskau bisher vom Einmarschieren absehen ließ. Und es mag sein, daß es bei dieser Lage und ihrer – realistischen – Einschätzung in Moskau bleiben wird. Bedenkt man das alles, dann mag man nur mit Zögern sagen, Polen sei ein Land des »Sowjetblocks«.

Dies ist freilich ein herausragender Fall, der seinesgleichen noch nicht hatte. Denn als die Sowjets im Jahre 1968 monatelang zuwarteten, ehe sie die Tschechoslowakei besetzten, da war es nicht aus Ratlosigkeit darüber, wie es später in einer besetzten Tschechoslowakei weitergehen solle – das wußten sie in groben Zügen, und so haben sie es dann auch durchgesetzt. Vielmehr scheuten die Sowjets damals zunächst vor den schädlichen Folgen zurück, die ein Gewaltstreich gegen Prag für die von ihnen so eifrig betriebene »Entspannung«, für das Verhältnis zu Amerika und auch im internationalen Kommunismus hätte haben können. Eines Tages aber erschienen ihnen diese möglichen Schäden gering gegenüber denen, die sie von einem Weiterbrennen des Prager reformkommunistischen Feuers erwarteten. Da schlugen sie zu, und sie haben es sicher bis heute nicht bereut.

Aber so ruhig auch heute die Tschechoslowakei an der Oberfläche wirkt – das Moskauer Politbüro kann sich nicht darüber täuschen, wieviel Unwille sich in den Tschechen und Slowaken seit 1968 anhäuft. So fest heute der Staat Tschechoslowakei in den Warschauer Pakt eingefügt ist – seine Bevölkerung steht dem Block innerlich fern.

Im östlichen Deutschland wiederum ist es das Gemisch aus nationaler Frage und Freiheitswunsch, die nicht ständig aktiv gehegte, aber bei der Bevölkerungsmehrheit auf dem Grund des politischen Bewußtseins liegende nationale und Freiheitserwartung, die es der leninistischen Herrschaft unmöglich macht, sich dauerhaft zu befestigen. So hat denn die Sowjetunion auch in der DDR, ihrem wichtigsten Trabanten, keinen zuverlässigen Untergebenen.

Um die Mitte der sechziger Jahre und dann wieder in den siebziger Jahren gab es in Osteuropa das Wort vom eisernen Dreieck: Ost-Berlin, Warschau, Prag. Was ist von dem Dreieck, was von dem Eisen übriggeblieben?
Im südlichen Teil des Imperiums sucht sich Rumänien der Blockordnung seit etwa zwanzig Jahren zu entziehen. Wäre zur Distanzierung von Moskau eine die Bevölkerung gewinnende Innenpolitik gekommen, müßte sich die Sowjetunion heute über Rumänien nicht viel weniger Sorgen machen als über Polen. Eine weitsichtige Innenpolitik betreibt hingegen der Ungar Kadar. Aber sie hindert nicht, daß die Ungarn sich der westlichen Welt immer mehr verbunden fühlen und der sowjetischen immer fremder werden.
Von einer geschlossen um die Sowjetmacht gescharten Gemeinschaft kann also keine Rede sein. Das vorgelagerte Osteuropa ist für Moskau schwer beherrschbar, unberechenbar. Was es zu einem Block macht, ist die präsente oder drohende militärische Macht der Sowjetunion. Den Ostblock gibt es – in diesem Sinne. Er hält nicht von innen zusammen, sondern wird von einem eisernen Ring zusammengehalten.

Osteuropa – national unbefriedet
18. Juni 1982

Als die Sowjetunion nach dem Zweiten Weltkrieg ihre Hand auf Osteuropa gelegt hatte, versprach sie den Völkern dort Freiheit, Demokratie, materiellen Wohlstand, dazu nationale Erfüllung und zugleich nationale Befriedung in der ganzen Region. Die ersten drei Versprechen hielt sie nicht. Doch mancher sah es damals für möglich an, daß die Sowjetmacht den nationalen Konflikten in Osteuropa immer mehr die Grundlage entziehen würde. Die einen vertrauten dabei auf die alten leninistischen Grundsätze der Nationalitätenpolitik, die in der Sowjetunion der zwanziger Jahre auch weithin angewandt wurden – zum Beispiel im sowjetischen Zentralasien. Andere bauten darauf, daß die nationalen Reibungen im Aufbau des Sozialismus rasch verschwinden würden. Und mancher Zyniker dünkte sich realistisch mit der Voraussage, die eiserne Faust des Stalinschen Regimes werde den Nationen und Minderheiten im Sowjetimperium die Lust zu nationalen Streitigkeiten austreiben.

Alle miteinander haben sich getäuscht. Osteuropa ist national unbefriedet geblieben. Viele nationale Auseinandersetzungen werden sichtbar geführt, andere schwelen dahin. Die von den kommunistischen Herrschern beschworene Brüderlichkeit – über die Staatsgrenzen hinweg wie innerhalb ihrer – ist nicht die beherrschende Wirklichkeit geworden. Die Gründe dafür sind vielfältig. Die osteuropäischen Nationen traten in die Epoche nach dem Zweiten Weltkrieg ein, beladen mit dem Nationalismus aus dem vorigen Jahrhundert, der das Habsburger Reich und das Osmanische Reich ausgehöhlt und ihre Trümmer an Nationalstaaten, neue wie alte, verteilt hatte. Doch bei dieser Verteilung gab es Privilegierte (zum Beispiel Jugoslawien und die Tschechoslowakei) und Zurückgesetzte (zum Beispiel Ungarn und Bulgarien); die letzteren suchten sich dann mit Hilfe der Achsenmächte zu holen, worauf sie einen Anspruch zu haben glaubten, und das drückte ihnen für die Zeit nach dem Zweiten Weltkrieg ein Brandmal auf. Wiederum gab es in Osteuropa zwei Klassen von Staaten.

So knüpfte nach 1945 die vielgestaltige Welt der osteuropäischen Nationen und Minderheiten an Verhaltensweisen von gestern und vorgestern an – nur daß jetzt Moskau als übermächtiger Herr sich die Entscheidungen vorbehielt und außerdem sich von vornherein aneignete, was es wollte. Das Ergebnis konnte nur äußerliche Ruhe sein; zu einem Interessenausgleich, einer von den Völkern angenommenen neuen Ordnung konnte es dabei nicht kommen.
Viel Schaden hat der Panslawinismus angerichtet, der nach dem Krieg, von Moskau gefördert, in einigen Ländern Osteuropas eine Spätblüte erlebte. Er verwies die nichtslawischen Völker zunächst in die zweite Reihe und begründete damit neue Ungleichheit. Doch am verheerendsten wirkte das zentralistische Unterdrückungssystem Stalins. Er hatte schon seit den dreißiger Jahren viele der kleineren Völker in der Sowjetunion zu Objekten despotischer Willkür erniedrigt. Nun wurde es auch in den Staaten des westlichen Vorhofs der Sowjetmacht Methode, mit Nationalitäten so umzugehen. (Zwischen den einzelnen Staaten hingegen hatte es nach dem Willen Stalins keine Dispute zu geben.) Aber auch nach der Stalin-Zeit belastete die Sowjetunion die Nationalitätenverhältnisse in Osteuropa. Die Politik der unauffälligen, aber zielstrebigen Russifizierung, der sich Chruschtschow schon nach wenigen Jahren nationalitätenpolitischen Tauwetters zuwandte, galt den Führern der Satellitenstaaten als Vorbild.
Es ist der Sowjetunion nicht gelungen, ganz Osteuropa fest im Griff zu behalten. Doch hat dies den Nationalismus dort nicht vermindert. Sich von der Sowjetmacht ein Stück zu entfernen oder gar zu trennen, das bedeutete zugleich nationales Wiedererwachen. Daraus entstanden leicht zum einen Animositäten gegen benachbarte Staatsnationen, zum anderen Verschärfungen der Politik gegenüber nationalen Minderheiten im eigenen Land.

Solche Verhärtungen hatten auch sicherheitspolitische Motive, wie der Fall Rumänien zeigt. Die Bukarester Unabhängigkeitspolitik machte es den Sowjets verlockend, Ungarn gegen Rumänien auszuspielen, wobei auch der starken ungarischen Minderheit in Rumänien ein Part zugedacht war. Bukarest schnürte darauf seine ungarische Volksgruppe noch mehr ein. Andererseits hielt die Sowjetunion die Rumänen in dem von ihr am Kriegsende annektierten Bessarabien unter besonders strenger Aufsicht, seit Bukarest mit einem gestärkten Nationalgefühl eine eigenwillige Außenpolitik betrieb. Hier wie in allen anderen Fällen, in denen nach dem Krieg Grenzen verändert wurden und infolgedessen nationale Minderheiten entstanden, geht die Angst vor Irredentismus um.

Unter der sowjetischen Oberherrschaft sind die nationalen Gegensätze von Staat zu Staat in Osteuropa eher noch gewachsen, weil Moskau diese Differenzen immer wieder als Beherrschungsmittel benutzt und weil zu dem überkommenen nationalpolitischen Streitstoff neuer hinzutrat, der sich aus dem Leben in der Zwangsgemeinschaft Ostblock ergab: wirtschaftliche Interessengegensätze stehen dabei in vorderster Reihe.

Aber auch in den einzelnen Staaten sind die jeweiligen nationalen Fragen nicht gelöst worden; das Vertrauen auf die national-einschmelzende Kraft sozialistischer Erziehung und Industrialisierung hat sich als Irrtum erwiesen. Was in den einzelnen Staaten an Substanz ethnischer Minderheiten noch da ist, soll nun jeweils mit einer Politik des langen Atems assimiliert werden.

Wie Rumänien heute aussieht
1. September 1982

Über Rumänien hört man neuerdings nur noch Negatives: hohe Verschuldung im Westen, Fehlschläge der Industrialisierungspolitik, Misere der Landwirtschaft, Mangel selbst an den einfachsten Versorgungsgütern im Land, eine sich immer noch mehr verhärtende Innenpolitik, Unruhe unter den nationalen Minderheiten, größere Abhängigkeit von der Sowjetunion. Die schlechten Nachrichten und schlimmen Deutungen überschlagen sich.
Das war nicht immer so. In den sechziger und siebziger Jahren erschien Rumänien dem Westen als das einzige ihm ein wenig zugewandte Land des Ostblocks. Dabei stand im Vordergrund die Außenpolitik. Bukarest hatte sich von der sowjetischen Vormundschaft gelöst und war ein begehrter Gesprächspartner der westlichen Welt geworden. Erinnern wir uns daran, daß Rumänien gegen den Willen Moskaus als erster kleinerer Staat im Warschauer Pakt mit der Bundesrepublik diplomatische Beziehungen anknüpfte und als einziges Ostblockland seine Beziehungen zu Israel nicht abbrach. Das machte Rumänien dem Westen sympathisch. Ihre freundlichen Gefühle für Rumänien behielten die westlichen Politiker nicht für sich. Sie machten ihren rumänischen Gästen oder Gastgebern oftmals Komplimente, die den Adressaten Verlegenheit bereiteten.
Komplimente gab es weniger für die Bukarester Innenpolitik, die den Wandel der Außenpolitik nicht begleitet hatte, vielmehr auf altem leninistisch-stalinistischem Gelände zu verweilen schien. Man hielt im Westen den rumänischen Führern zugute, daß sie im Angesicht der mißtrauischen Sowjetunion nicht zuviel Veränderung riskieren durften. Man erwog auch, daß in einem innenpolitisch auf-

gelockerten Rumänien die Sowjets es leichter hätten, Unruhe zu stiften. Schließlich verbarg man nicht die Hoffnung, die Kontakte Rumäniens zum Westen würden das Land allmählich auch zu freieren inneren Verhältnissen führen. Die forcierte Industrialisierungspolitik Ceausescus betrachtete der Westen mit Vorbehalten, aber nicht ohne Respekt für die erreichten ansehnlichen Wachstumsraten.
An alledem hat sich so viel nicht geändert. Die Bukarester Außenpolitik ist auf ihrem Kurs geblieben; sie bringt nur den Unabhängigkeitsanspruch leiser vor, die großen, auffälligen Selbständigkeitsgesten bleiben aus. Warum? Weil Rumänien sich von der östlichen Wirtschaftsgroßmacht abhängiger fühlt. Dies aber kommt von der schlechten Wirtschaftslage des Landes: Rumänien ist im Westen überschuldet und sogar zahlungsunfähig. Der Export lahmt. Die aus dem Boden gestampften Industrien, besonders der Petrochemie, erweisen sich als unrentabel, weil Rumänien nicht genügend Rohstoffe dafür hat und wenig Geld, draußen welche zu kaufen. Die rumänische Landwirtschaft, auf deren Kosten die eilige Industrialisierung ging, ist ausgelaugt. Deshalb steckt das Land in einer Versorgungskrise, aus der es Planerfüllungs-Kampagnen und Rationierungsmaßnahmen schwerlich herausreißen werden. Das tägliche Leben in Rumänien ist schwieriger geworden, und das läßt die Führung Ausbrüche von Unzufriedenheit befürchten. Die Folge ist eine nochmals verschärfte Innenpolitik, die nicht nur die Intellektuellen zu spüren bekommen.
Jede innenpolitische Verhärtung in Rumänien trifft besonders die nationalen Minderheiten. Sie sind es gewohnt, daß die Politik der Obrigkeit ihnen gegenüber von zwei widerstreitenden Tendenzen bestimmt wird, von Toleranz und einem engherzigen, großrumänischen Nationalismus.

In den letzten Jahren hat die nationalistische Tendenz wieder die Oberhand. Das trifft vor allem die Ungarn in Siebenbürgen. Sie sind von Bukarest immer mit Mißtrauen betrachtet worden – wegen ihrer Stärke (um die zwei Millionen) und wegen der Nähe ihres Siedlungsgebietes zum Mutterland Ungarn. Die Deutschen Rumäniens, Siebenbürger Sachsen und Banater Schwaben, an Zahl viel schwächer (heute noch knapp 350 000) und von den Staaten deutscher Sprache weit entfernt, konnten sich wegen ihrer geringeren Bedeutung im Windschatten mancher Sturmbö entziehen. Vielleicht hätten sie durch die Maschen selbst einer betont rumänisch-nationalistischen Politik schlüpfen können. Doch die Abwanderung Zehntausender von ihnen hat in der deutschen Volksgruppe zu einer Katastrophenstimmung geführt, zu einem »Rette sich, wer kann, in die Bundesrepublik!«. Den Abwanderungsdrang steigert nun noch die materielle Misere im Land.

So ist das Bild Rumäniens heute düster. Doch das gibt im Westen niemandem Anlaß zum Triumphieren. Wir haben nichts davon, daß es um Rumänien schlecht bestellt ist. Den Nutzen von einem auf seine Unabhängigkeit gegenüber Moskau pochenden, selbstbewußten, wirtschaftlich voranstrebenden Rumänien, in dem es sich leben ließ, weil manches langsam besser wurde, hatte der Westen. Den Nutzen von einem in seiner Unabhängigkeitspolitik gehemmten, wirtschaftlich dem Zusammenbruch nahen, sich nach Westen wieder verschließenden Rumänien hat die Sowjetunion. Seit langem wartet sie darauf, daß Rumänien als eigenständiger Faktor der internationalen Politik, als für die anderen Nationen im Ostblock verlockendes Beispiel verschwindet, daß das Land wieder ganz in den Block zurückfällt. Die sowjetischen Führer haben immer gehofft, das eigenwillige Rumänien werde sich eines

Tages in seinen von innen her rührenden Problemen verfangen. Sollte es so kommen, hätte auch der Westen einen Schlag erlitten.

Was der Sozialismus geleistet hat
22. Dezember 1982

Die Völker Ostmitteleuropas haben sich Sowjetherrschaft und Sowjetsozialismus nicht gewünscht; beides wurde ihnen nach dem Zweiten Weltkrieg aufgezwungen. Wenn sie heute eine Bilanz aufmachen, so ergibt sich, daß die neue Ordnung ihnen nichts gebracht, sie aber viel gekostet hat. Die Verlustliste beginnt mit der Rubrik »Staatsgebiet«. Mehrere Länder Zwischeneuropas (wie man das Gebiet zwischen der Sowjetunion und den westlich verfaßten Ländern des Kontinents nennen kann) verloren Territorium an die Sowjetunion, gleich, ob sie zu den Siegern oder zu den Besiegten zählten.
Die betroffenen Völker hätten diese Verluste vielleicht hinnehmen können, wenn sie sich als Preis für eine neue, bessere Ordnung des Zusammenlebens der Nationen und nationalen Minderheiten erwiesen hätten. Doch in Ostmitteleuropa ist eine Friedensordnung, die Ausgleich zwischen den Völkern und, als wesentlichen Bestandteil davon, angemessenen Schutz für nationale Minderheiten gebracht hätte, nicht entstanden.
Eine »Pax Sovietica«, die wahre Befriedung bedeutete, hat Moskau nicht geschaffen. Vielmehr herrschen in Zwischeneuropa Streit, Rivalität, Irredentismus, Unterdrükkung ethnischer Minoritäten. Das geht freilich zum Teil

noch zurück auf die Grenzregelungen, welche die Siegermächte des Ersten Weltkrieges einst trafen. Aber hätte dieser alte Konfliktstoff nicht in bald vierzig Jahren sowjetischer Oberhoheit abnehmen können – hatte die Sowjetunion nicht versprochen, ihr Sozialismus werde es dahin bringen?

Sie konnte ihr Versprechen nicht einlösen, weil sie selber kein Modell für ersprießliches Zusammenleben von Nationen in Gleichberechtigung zu bieten hat, weder in einem Staat noch im Verhältnis zwischen Staaten. Das Beispiel, das sie vorführt, bedeutet vielmehr, daß die größte Nation, zur Haupt- und Staatsnation erklärt, die kleineren zu assimilieren und entnationalisieren sucht, und daß der stärkere Staat dem schwächeren seinen Willen aufnötigt.

Doch es gibt noch einen anderen Grund dafür, daß die Staaten Ostmitteleuropas einander nicht nähergekommen sind. Die Sowjetunion, die das Wort »Bruderländer« eingeführt hat, ist darauf bedacht, daß die Brüder einander nicht wirklich nahekommen, um jeden einzelnen besser beherrschen zu können. Sie geht sogar so weit, die Brüder gegeneinander auszuspielen.

So finden sich die Satelliten-Staaten einerseits voneinander getrennt, andererseits zusammengebunden in einen Block, in dem die übermächtige Sowjetunion alles Wichtige bestimmt. Die kleineren Blockländer können in dieser auf Moskau ausgerichteten Zwangsgemeinschaft nicht einmal ihre wirtschaftlichen Bedürfnisse befriedigen; weder Arbeitsteilung, noch Warenaustausch, noch Rohstoffversorgung, noch Währungsverhältnisse sind für die Staaten Ostmitteleuropas im Block annehmbar geregelt.

Aber lassen wir einmal die Nationen und Staaten beiseite und betrachten wir die Einzelnen, die Bürger der kleineren sozialistischen Länder in ihrem täglichen Leben. Da müßte der wirtschaftliche Fortschritt sichtbar werden.

Doch es zeigt sich eine ganz andere Realität: Niedrige Einkommen, Warenmangel, schlechte Versorgung mit Dienstleistungen, Wohnungsmisere, ein mangelhaftes Gesundheitswesen. Freilich gibt es da ein Gefälle zwischen den einzelnen Blockländern, wobei Ungarn auf den meisten Vergleichsfeldern oben, Polen zusammen mit Rumänien unten steht.
Der Mensch lebt nicht vom Brot allein. Wie steht es mit den immateriellen Gütern? Für die Kultur geben die Staaten Ostmitteleuropas viel Geld aus; aber ein großer Teil des Ertrages ist Propaganda. Das eigentliche kulturelle Leben bringt großartige Leistungen hervor, in der Musik etwa; doch der Kreis der Kulturwerke, die den Leuten zugänglich sind, bleibt begrenzt. Gefährliche westliche Literatur wird ausgesperrt, und die Schriftsteller im Land arbeiten unter der Herrschaft zahlloser Tabus. In Osteuropa werden viele Bücher gelesen, mehr als bei uns; aber das erklärt sich auch daraus, daß in den Zeitungen wenig steht.
Vielleicht läßt sich davon sprechen, daß im östlichen Europa die Beziehungen zwischen den Menschen dichter, herzlicher sind als im Westen. Doch mit dem Sowjetsozialismus hat das nichts zu tun. Es ist der Ausdruck einer mehr zu Gemeinschaft und Gemeinsamkeit neigenden Mentalität. Die hat sich möglicherweise wegen des ökonomischen Rückstandes erhalten, aber auch deswegen, weil die Menschen im Angesicht der kommunistischen Obrigkeit, die sie als kalt und bedrückend empfinden, zusammenrücken und einander emotionale Wärme geben, wie wir sie im Westen nicht mehr gewohnt sind.
Schließlich wollte der Sowjetsozialismus die Ostmitteleuropäer von der Religion befreien (wonach die Völker allerdings nicht verlangt hatten). Die Aufklärung, die dafür einziehen sollte, ist ausgeblieben. Der Marxismus-Leninismus, den die Obrigkeit an die Stelle der Religion set-

zen wollte, hat sich als menschenfernes Gebilde erwiesen. Von der Obrigkeit als Herrschaftsinstrument verwendet, besitzt er keine geistige Anziehungskraft; die Bevölkerung begegnet ihm mit Gleichgültigkeit und Ungläubigkeit. Das ist ein Mißerfolg, der die sowjetkommunistischen Parteiherren in Zwischeneuropa besonders treffen muß. Die Untertanen schmerzt er nicht; sie klagen über anderes.

Explosives Gemisch
28. Februar 1983

Im kommunistischen Osteuropa werden in diesen Monaten die Schrauben fester angezogen. Das bekommen vor allem die Dissidenten zu spüren. In der Sowjetunion wie in der Tschechoslowakei sind die Gruppen politisch Opponierender zerschlagen. In der DDR ist der Staat dabei, den »Jenaer Friedenskreis« mit Verhaftungen zu lähmen.
Freilich kann im östlichen deutschen Staat die »Säuberung« nicht so vollständig gedeihen wie etwa in der Tschechoslowakei, wo Andersdenkende an keiner Institution auch nur den geringsten Halt finden. In der DDR legt immerhin die evangelische Kirche ein Wort ein für junge Leute, die über den Frieden andere Vorstellungen haben als die Obrigkeit. Solange die Obrigkeit aus innen- und außenpolitischen Gründen der Kirche einen Grundbestand selbständiger Existenz zugestehen will, ist solche Fürsprache nicht ganz in den Wind gesprochen.
Politische Verschärfung ist auch in Rumänien zu beobachten, wo die kritisch gesonnenen Intellektuellen und Künstler den Kopf jetzt noch mehr einziehen. Die polnische Ob-

rigkeit hat auch nach der Teilsuspendierung des Kriegsrechts genug Unterdrückungsmittel in der Hand, und sie macht davon Gebrauch. Selbst Ungarn verliert nun die Geduld mit seinen gewissermaßen staatlich zugelassenen Dissidenten.

Den neuen Kurs bekommen besonders nationale Minderheiten zu spüren. Einer seiner Schwerpunkte ist die Kirchenpolitik. Die hat in den einzelnen Ländern für die Staatsmacht unterschiedlichen Rang, entsprechend dem unterschiedlichen Gewicht der Kirche (meist geht es um die katholische). Kirchenpolitik in Polen gehört für das Regime dort zum Wichtigsten; Kirchenpolitik in der Tschechoslowakei stellt für die Prager Staatsmacht eine Aufgabe zweiter Ordnung dar.

Alle Bürger der Ostblockstaaten könnten unter der neuen Politik zu leiden haben, wenn die Kampagne gegen Faulenzerei, Materialverschwendung, Korruption, die der neue sowjetische Parteichef Andropow gleich nach seiner Wahl in der Sowjetunion eingeleitet hat, dort weitergeführt werden und auf die Bruderländer übergreifen sollte.

Aber der straffere Kurs hat noch andere Wirkungen. Die Auswanderung – etwa von Deutschen, Juden und Armeniern aus der Sowjetunion oder von Deutschen aus Rumänien –, die den Obrigkeiten schon immer als Unordnung galt, wird eingeschränkt. Der Kontakt zwischen der osteuropäischen Bevölkerung und dem Westen trifft auf höhere Hindernisse.

Die neue, verschärfende Politik erklärt sich zu einem Teil aus den wirtschaftlichen Schwierigkeiten, die alle osteuropäischen Länder erfaßt haben. Diese Staaten leiden an Rohstoff- und Energiemangel. Der Mangel wiederum geht einmal darauf zurück, daß die Sowjetunion die Lieferungen eingeschränkt und verteuert hat, zum anderen auf Devisenarmut, die zusätzliche Käufe im Westen unmög-

lich macht. Die Bevölkerungen spüren Versorgungsmängel, die das Leben noch mühseliger machen. Die Leute fühlen sich von der Parteimacht um den Lohn ihrer Arbeit betrogen. Das ist für die Obrigkeiten eine Alarmsituation. Sie haben damit ihre bösen Erfahrungen gemacht. Die Unruhen 1953 in der DDR, zuletzt 1970 und 1980 in Polen entsprangen stichflammenhaft auflodernder Unzufriedenheit über schlechte Versorgung oder zu hohe Arbeitsnormen. Aus gleichartigen Gründen haben auch schon Arbeiter in sowjetischen Großbetrieben oder rumänischen Bergwerken gestreikt. Wenn die Partei solche Aufwallungen nahen sieht oder wenn sie davon überrascht wird, sucht sie hastig, die materiellen Lebensbedingungen zu verbessern. Doch nachhaltige Abhilfe scheitert an der wirtschaftlichen Gesamtlage der einzelnen Staaten.
Ökonomisch begründete Unruhe in der Bevölkerung reichert sich leicht mit politischen Elementen an. Das fürchtet die Obrigkeit, und sie hat dafür Gründe. Unzufriedenheit mit den politischen Verhältnissen liegt in den kommunistischen Ländern Osteuropas ständig in der Luft. Sie bedarf nur des Funkens, der sie entzündet. Da ist vor allem die nationale Frage, die in vielerlei Gestalt auftritt. Nationale Minderheiten fühlen sich unterdrückt – etwa die Ungarn in Rumänien und der Tschechoslowakei, oder die baltischen Völker. Dazu gibt es ein Spiegelbild: die nationale Frage kann auch darin zum Ausdruck kommen, daß sich eine Nation der Abtrennung eines Teils ihrer historischen Lande schmerzhaft bewußt wird – so die Ungarn des Verlustes von Siebenbürgen oder die Rumänen des Verlustes von Bessarabien. Eine nationale Frage eigener Art lastet auf der DDR; deren Bewohner lehnen in ihrer großen Mehrheit die von der SED gezogene Trennlinie durch Deutschland ab.
Schließlich kann die nationale Frage darin bestehen, daß

sich ein Volk von der Sowjetunion beherrscht, überfremdet fühlt. Dabei geht es weniger um eine Russifizierung im handgreiflichen Sinn als vielmehr darum, daß die Sowjetunion einem europäischen Volk ihre Herrschaftsordnung – die einer orientalischen Despotie – aufzwingt. Damit aber geht die nationale Frage über in die allgemeinere: wie die Völker des kommunistischen Osteuropa zur politischen Ordnung in ihren Ländern stehen.
Unzufriedenheit mit den wirtschaftlichen Lebensverhältnissen und Abneigung gegen das politische System, das ergibt ein explosives Gemisch. Neue Explosionen (nach der jüngsten in Polen) zu verhindern, ist die schwierige Aufgabe, der sich die Obrigkeiten in Osteuropa gegenübersehen.

Vorher war nur Lenin
7. April 1983

Betrachtet man die Nachkriegsgeschichte der westlichen Völker, so stößt man überall auf Staatsmänner, in denen sich schon zu ihrer Regierungszeit die Nation oder doch deren Mehrheit wiedererkannte; Männer, die von vornherein als nationale Persönlichkeiten anerkannt waren oder als solche später, nach ihrem Ausscheiden aus dem Amt oder nach ihrem Tod, allmählich angenommen wurden. Für die westdeutsche Teilnation ist Adenauer eine solche Gestalt, für die Italiener De Gasperi, für die Franzosen de Gaulle.
Solche Namen, mit denen sich auch die Völker genannt fühlen, gibt es in der kommunistischen Welt nur als Raritä-

ten. Das sei selbstverständlich, ließe sich einwenden, denn die kommunistisch regierten Völker lehnten die kommunistische Herrschaft und also auch die Herrscher ab. Indessen, die Ablehnung trifft nicht alle unterschiedslos; die Osteuropäer wissen zu unterscheiden zwischen üblen und erträglichen Herren. Und vor allem könnte, wenn schon ein Volk nichts von seinen früheren Oberen hält, die kommunistische Partei einen von ihnen hervorheben, mit dem Anspruch, daß auch das Volk ihn als einen Großen zumindest gelten lasse. Aber auch daran fehlt es.
Ein Beispiel dafür ist die DDR. Die hat Ulbricht im Auftrag der Sowjetunion bis ins kleinste geprägt. Die Bevölkerung hat ihn als Vollstrecker der Sowjetisierung und der deutschen Teilung im Gedächtnis. Doch sagt wenigstens die Partei dem Volk, es habe in Ulbricht den Mann zu sehen, der das »sozialistische Deutschland« zur Blüte brachte? Keineswegs. Ulbricht wird von der SED dem Vergessen überantwortet.
In Polen steht es ähnlich. Den einstigen Parteichef Bierut kann die Partei nicht rühmen, weil sie selbst ihn als Stalinisten angeprangert hat. Gomulka ebensowenig, weil er dafür verantwortlich war, daß 1970 auf rebellierende Arbeiter geschossen wurde, und darüber stürzte. In der Tschechoslowakei klafft die gleiche Persönlichkeits-Lücke. Der erste Parteichef, Gottwald, ist von der Obrigkeit mit dem Makel des Stalinismus belegt. Dem Nachfolger Novotny legt die Partei zur Last, »Fehler« seiner Politik hätten den Prager Frühling von 1968 ermöglicht.
Wen könnten die ungarischen Kommunisten der Bevölkerung als verehrungswürdige Gestalt aus den letzten drei bis vier Jahrzehnten anbieten? Etwa den Stalinisten Rakosi, der dem heutigen Parteichef Kadar im Gefängnis die Fingernägel herausreißen ließ? Inzwischen führt Kadar sechsundzwanzig Jahre lang Ungarn. Doch niemand weiß, ob

er dereinst der Partei als der große Mann gelten und ob die Bevölkerung, die in ihm das kleinstmögliche Übel sieht, ihm wahre Größe zuerkennen wird.

Das Muster für die kleineren kommunistischen Länder scheint die Sowjetunion zu sein. Dort wird zwar Lenin wie ein Heiliger verehrt. Doch Lenin starb 1924, und seither hat die sowjetische Partei keinem ihrer gewesenen Parteichefs mehr hohe Ehre zugemessen. Der tote Stalin wurde furchtbarer Verirrungen bezichtigt. Jeder Parteichef wird davor zurückscheuen, den Tyrannen als Lichtgestalt auf den Sockel zu heben. Chruschtschow wurde aus dem Amt des Parteichefs gestoßen, sein Name taucht in der Sowjetunion nirgends mehr auf. Nichts weist darauf hin, daß eine sowjetische Parteiführung einst das Volk zur Verehrung Breschnews aufrufen werde.

In Rumänien läßt Ceausescu seinen Vorgänger Gheorghiu-Dej in Vergessenheit versinken. Vom Ruhme Maos haben seine Nachfolger so viel weggeschnitten, daß für die Chinesen eine zweifelhafte Figur übrigbleibt.

Die Ausnahmen sind gering an Zahl. Die bulgarische Partei verehrt – mit Maßen – Dimitrow; in Vietnam gilt Ho Tschi Minh als Nationalheld, und in Jugoslawien berufen sich die heutigen Parteiführer auf Tito. In allen drei Fällen kann sich die Obrigkeit auf eine Stimmung jedenfalls in Teilen des Volkes stützen.

Woher kommt es, daß die kommunistischen Obrigkeiten ihren Völkern sowenig Leit-Persönlichkeiten aus der Zeitgeschichte vorgeben? An der Ideologie kann es nicht liegen. Denn zwar erklärt der sogenannte historische Materialismus die Rolle der Persönlichkeit in der Geschichte für untergeordnet; doch dessenungeachtet sind in den kommunistischen Ländern die herrschenden Parteiführer auch nach Stalin Gegenstand eines Personenkults, wenn auch in unterschiedlichem Maß. Niemand darf dem Partei-

chef widersprechen, erst recht darf ihn niemand kritisieren. Niemand darf sagen, der Parteichef interessiere ihn nicht. Andererseits darf sich für den Parteichef niemand auffällig interessieren: Was die Partei über ihn mitteilt, hat jedem zu genügen.
Weil die Möglichkeit eines Amtswechsels an der Spitze sozusagen nicht vorgesehen ist, muß das Politbüro einen Parteichef, den es loswerden will, zum Übeltäter stempeln, zu einem, den die »Geschichte« verurteilt hat, also fast zu einem Kriminellen. Einen solchen aber kann man nicht nachher dem Volk als verehrungswürdigen großen Sohn des Landes hinstellen; er muß vielmehr Unperson werden.
Andere Motive kommen hinzu. Der neue Parteichef will den Personenkult nicht mit einem Vorgänger teilen. Und er will verhindern, daß nach einiger Zeit das Volk ihn mit dem früheren – sei dieser nun gestürzt worden oder gestorben – vergleicht und dabei zu dem Schluß gelangt, der Parteichef von einst sei besser gewesen.
Die Untertanen der meisten kommunistischen Länder sollen allein den gerade herrschenden Führer verehren. Vor diesem gibt es für sie nur den entlegenen Lenin.

Eine kleine Entente kehrt nicht wieder
27. August 1985

Als der Erste Weltkrieg zu Ende war, ging in den Siegerländern, vor allem in Frankreich, eine geopolitische Idee um: ein Cordon sanitaire, ein Schutzstreifen aus mehreren Staaten, sollte entstehen zwischen Deutschland und Sowjetrußland, die zwar beide erschöpft am Boden lagen,

aber eines Tages wieder gefährlich werden könnten. So würde in Zukunft Deutschland nicht nach Osten, Sowjetrußland nicht nach Westen ausgreifen können; beide wären in Schach gehalten und zudem voneinander getrennt. Der Entwurf hätte in seiner weitestmöglichen Ausprägung eine Staatenkette von Finnland bis hinunter nach Bulgarien vorsehen können.
In dieser Richtung hatte der tschechische Politiker Masaryk schon während des Krieges im amerikanischen Exil nachgedacht. Doch in Paris faßte man eine geringere Reichweite ins Auge: der Cordon sanitaire sollte reichen von Polen bis Jugoslawien (das damals noch »Königreich der Serben, Kroaten und Slowenen« hieß). So blieb übrig ein Bogen von Polen über die Tschechoslowakei, Ungarn und Rumänien bis zum Südslawischen Königreich. Diese Staaten sollten wirtschaftlich zusammenarbeiten und darüber zu einem politischen Bündnis gelangen, dessen Schutzmacht Frankreich sein würde.
Aus dieser Vorstellung, die in mehreren Varianten auftauchte, ist nicht viel geworden. Die Staaten, die es anging, konnten sich zu einem Konzept nicht finden. Am weitesten kamen den französischen die polnischen Ansichten entgegen. Der polnische Staat, nach über einem Jahrhundert russischer und deutscher (preußischer und österreichischer) Herrschaft wiedererstanden, hielt es für das Wichtigste, daß Rußland und Deutschland niedergehalten würden. Die neuentstandene Tschechoslowakei hingegen hatte wenig gegen das Weimarer Deutschland. Sie fürchtete aber Revisionismus des auch von ihr selber zusammengestutzten Ungarn, dem wiederum Polen sich in seiner Gesellschaftsordnung und der politisch-geistigen Orientierung nahe fühlte. Polen war heftig antirussisch und antisowjetisch; die Tschechoslowakei hingegen war russophil und gegenüber dem Sowjetregime nicht feindselig, sondern vorsichtig aufgeschlossen.

Warschau verstrickte sich in alle möglichen Konflikte – Prag aber betrieb mit meisterhaftem Geschick Diplomatie und brachte 1920/1921 »Die Kleine Entente« zusammen, ein Bündnis mit dem Südslawischen Königreich und Rumänien, das gegen Ungarn und ein wenig auch gegen Österreich und Bulgarien gerichtet war. Die Kleine Entente florierte eine Zeitlang. Aber sie zerfiel, als sich in den dreißiger Jahren Rumänien und Jugoslawien den Achsenmächten näherten, die Tschechoslowakei sich hingegen an die Sowjetunion anlehnte. Der Plan eines institutionalisierten Miteinander der Staaten Ostmittel- und Südosteuropas war selbst im kleinen Maßstab gescheitert.
Dazu trug nationaler Streit viel bei. Die Siegermächte des Ersten Weltkriegs hatten das Recht auf Zusammenleben in einem Nationalstaat einigen Nationen zuerkannt, anderen verweigert; sie hatten Staatsgrenzen von zweifelhafter Berechtigung gezogen. Streit um Territorien und nationale Minderheiten erfüllte deshalb in Zwischeneuropa die zwei Jahrzehnte vom Ende des Ersten bis zum Beginn des Zweiten Weltkrieges. Viel von der Kraft der Region wurde dabei verbraucht. Am Ende teilten Hitler und Stalin das Stück Europa zwischen ihren Reichen unter sich auf; und nach 1945 nahm sich Stalin alles.
Aus dem so entstandenen sowjetischen Lager in Europa konnten bisher nur Jugoslawien und Albanien entkommen. Sie liegen am Rande, sind auch verfeindet und kommen als Kern eines Staatensystems nicht in Betracht. Die anderen Länder aber: werden sie einmal zu einem engeren Verhältnis nach ihren eigenen Vorstellungen finden?
Sie haben, auch in ihrer heutigen kommunistischen Daseinsform, manches gemeinsam: den Wunsch nach mehr Selbständigkeit zunächst, so sehr sie ihn vor der Sowjetunion verbergen müssen. Sie könnten sich auch wirtschaftlich gut ergänzen. Aber freilich sind sie die erzwungene

Kooperation im östlichen Wirtschaftsblock so gründlich leid, streben sie jeder für sich so sehr nach Zugang zu westlichen Märkten und westlicher Technik, daß ihnen der Gedanke einer festeren ökonomischen Verbindung untereinander lange fernliegen wird.
Und dann gibt es zwischen ihnen noch nationalen Konfliktstoff – mindestens Streit um nationale Minderheiten, der auch den nicht von Moskau beherrschten Teil des Balkans erfaßt. Denn die Nationalitätenpolitik im Zwischeneuropa nach 1945 hat die Reibungsflächen aus der Zwischenkriegszeit zu einem Teil mit Brachialgewalt beseitigt, zum anderen aber restauriert.
Vor allem aber wird die Sowjetunion eine nähere Beziehung ihrer europäischen Zwangsverbündeten untereinander verhindern, solange sie die Macht dazu hat. Weil er einen – kommunistischen und sogar sowjetfreundlichen – Staatenverband auf dem Balkan bilden wollte, wurde Tito 1948 von Stalin verdammt. Und als im vorigen Jahr Ungarn, die DDR und Rumänien zur gleichen Zeit der sowjetischen Strategie zuwider ihre Verbindungen zum Westen vor Vereisung zu bewahren suchten, fiel die sowjetische Führung in eine Nervosität, die noch nicht abgeklungen ist.
Auf absehbare Zeit wird es in Zwischeneuropa also nur Zugeständnisse an einzelne Länder wegen ihrer »besonderen Bedingungen beim Aufbau des Sozialismus« geben. Unterbündnisse in ihrem Lager wird die Sowjetunion nicht zulassen. An eine kommunistische »Kleine Entente«, und wäre sie noch so klein, ist nicht zu denken.

Ceausescus Verdienste und Verirrungen
19. Dezember 1985

Über Nicolae Ceausescu, den Herrscher Rumäniens, ist im Westen seit Jahren kaum noch ein gutes Wort zu lesen. Sogar der polnische Parteigeneral Jaruzelski kommt im Urteil der meisten westlichen Osteuropa-Fachleute besser weg. Ihm wird zugute gehalten, daß sein Streich gegen das Volk noch schmerzhafter hätte ausfallen können, und ihm wird zugetraut, daß unter ihm die Zustände im Land mit der Zeit erträglicher werden könnten. Ceausescu hingegen hält man nichts zugute, ihm traut man nichts zu. Ist das nicht ungerecht? Hat der Westen vergessen, wieviel Grund er zwei Jahrzehnte lang sah, Ceausescu zu loben, ja zu rühmen?

1965 starb der rumänische Parteichef Gheorghiu-Dej, der die rumänische Autonomie im Sowjetblock begründet hatte. Würde der viel jüngere und weniger erfahrene Nachfolger Ceausescu diese Politik fortführen, und würde er dabei nicht scheitern? – fragten damals viele in Rumänien und draußen in der Welt. Die Sorgen waren bald verflogen: Ceausescu übertraf seinen Vorgänger noch an Festigkeit gegenüber Moskau. Gegen den Willen des gesamten übrigen Lagers nahm Rumänien 1967 mit dem westlichen Deutschland diplomatische Beziehungen auf. Als einziges Land im Warschauer Pakt brach es im selben Jahr nicht mit Israel. Den sowjetischen Einmarsch in die Tschechoslowakei verurteilte Ceausescu härter und lauter als Tito. Seit achtzehn Jahren läßt er auf seinem Territorium keine Truppenmanöver des Paktes mehr zu, beteiligen sich rumänische Einheiten auch nicht mehr an solchen Manövern in anderen Pakt-Ländern. Es war das von Ceausescu geführte Rumänien, das 1969 Nixon als erstem amerikanischen Präsidenten die Gelegenheit gab, sich im Vorhof der Sowjetunion bejubeln zu lassen. Als vor anderthalb Jahren das Moskauer Politbüro die Parole ausgab, die Olympischen Spiele in Amerika seien zu meiden, hielt sich einer im Verband nicht daran: Ceausescu. Der Mann hat nach draußen viel Mut bewiesen.

Doch die Unabhängigkeit, die er seinem Lande ertrotzte, hat er drinnen schlecht genutzt. Unter seiner Herrschaft ist Rumänien in den letzten zehn Jahren ärmer, düsterer, verschlossener und unfreier geworden. Kein Volk Europas ist von Hunger und Kälte so bedrängt wie die Rumänen. Kann es uns im Westen gleichgültig lassen, daß jeder Winter aufs neue für die Bewohner Rumäniens zur Katastrophe wird, weil wegen Energiemangels die Wohnungen kalt bleiben und selbst die einfachsten Nahrungsmittel nur dem erreichbar sind, der sich stundenlang in Schlangen stellt? Gheorghiu-Dej hatte die Industrialisierung Rumäniens betrieben, mit Nachdruck, aber doch auch mit Maß. Ceausescu aber übertrieb sie so, daß er das Land mit Investitionsruinen übersäte, die Energiereserven vergeudete und dann noch die Landwirtschaft vollends ruinierte. Nun hat Rumänien nicht die Fabriken, die es braucht, und nicht einmal genug Brot.

Gheorghiu-Dej hatte der rumänischen Nation das in der Stalin-Zeit zerbrochene Selbstbewußtsein zurückgegeben; Ceausescu hat es zum Nationalstolz erhöht. Das war ein großes Werk. Aber statt es damit genug sein zu lassen, zwang er den Rumänen einen Nationalismus auf, der draußen mit seinen Phantastereien und Skurrilitäten Spott hervorruft und drinnen, wegen der nationalen Intoleranz, zu der er führt, ein gedeihliches Zusammenleben der Staatsnation mit den nationalen Minderheiten unmöglich macht. Die ungarische Volksgruppe, gegen zwei Millionen stark, sieht sich einem Entnationalisierungs-Druck ausgesetzt,

der brachial werden könnte, wenn es so weitergeht. Die Deutschen im Land, viel schwächer an Zahl, fürchten, im nationalen Absolutismus der Obrigkeit nebenbei mitrumänisiert zu werden.
Eine innere Angelegenheit Rumäniens? Die Deutschen drängen sich zur Auswanderung ins westliche Deutschland, das so zum Mitbetroffenen wird. Der ungarische Staat hält mit Mühe seinen Unmut über die Behandlung der Madjaren in Siebenbürgen zurück. Andererseits fühlte sich offenbar Bulgarien von der rumänischen Minderheitenpolitik ermutigt, seine türkische Volksgruppe mit Brutalität zu assimilieren, was die Türkei auf den Plan rief. Der Nationalismus, den Ceausescu immer noch weiter zu erhitzen suchte, stiftet also Unruhe in Europa.
Aber der Staat bedrängt nicht nur die nationalen Minderheiten; er hält auch die Staatsnation nieder. An Willkür läßt sich die rumänische Geheimpolizei nicht übertreffen. Wo gibt es das sonst noch in Ostmittel- und Südosteuropa, daß der Besitzer einer Schreibmaschine an jedem Jahresbeginn eine Schriftprobe bei der Polizei abgeben muß?
Die Rumänen werden von der Obrigkeit nicht nur wie auf Bewährung Freigelassene gehalten, sondern auch zu einer Devotion vor dem Herrscher gezwungen, wie sie uns aus Despotien bekannt ist. Der befohlene Personenkult um Ceausescu nimmt Züge von Götzendienst an. Hymnische Texte, Prosa und Verse rühmen alle nur erdenklichen hervorragenden Eigenschaften am Conducator (Führer) und an seiner Gemahlin. Solcher Führungs-Byzantinismus überschreitet weit die Grenzen dessen, was das byzantinische Kulturerbe der Nation als natürlich erscheinen läßt. Da kann nun sogar Gorbatschow die Nase rümpfen. Er kann aber auch triumphieren. Ceausescu hat mit seiner unheilvollen Wirtschaftspolitik Rumänien ein Stück in die Abhängigkeit von der Sowjetunion zurückgestoßen.

Ceausescu hat Rumänien schwere Lasten aufgebürdet. Sie verstellen immer mehr den Blick auf die früheren großen Verdienste, die niemand ihm absprechen kann.

Unruhe im Vorhof
18. September 1984

Im Spätsommer 1984 möchten Honecker und Schiwkow, die Führer der DDR und Bulgariens, die Bundesrepublik Deutschland besuchen; aber Moskau wünscht es nicht.

Es kann nun eine ganze Weile dauern, bis Honecker und der Bulgare Schiwkow nach Bonn fahren dürfen. Auf absehbare Zeit passen Reisen von Ostblock-Parteichefs in die Bundesrepublik Deutschland nicht ins Moskauer Konzept. Die sowjetische Führung will den Besuchsverkehr zwischen Ost und West einstweilen im Rang reduziert halten. Ein Abbruch des Gesprächs, beiderseitige Sprachlosigkeit ist nicht ihr Ziel; doch den frostigen Dialog will, auf seiner Seite, Moskau selber führen.
Aber mehr als dem Westen galten die Moskauer Einsprüche gegen Honeckers und Schiwkows Reisepläne dem eigenen Lager, dem Vorhof. Dort beobachtet die sowjetische Führung Regungen nationaler Interessen in einem Maß, das sie besorgt macht. Freilich, sie wird nicht so unrealistisch sein, die Herausbildung eines Oppositionsblocks in ihrem europäischen Lager zu befürchten. Sie kennt, was zwischen den Bruderländern steht, die ihr in letzter Zeit außenpolitische Sorgen machten. Die DDR, Ungarn, Rumänien und Bulgarien sind weder willens noch imstande, sich als Gruppe der Block-Vormacht entgegenzustellen. Dazu fehlt es an mehreren Voraussetzungen.

Honecker, Kadar und Schiwkow haben nicht die mindeste Lust, sich in einen Dauerstreit mit der Sowjetunion zu stürzen, wie ihn Ceausescu seit bald zwanzig Jahren führt; er würde ihnen schlecht bekommen. Zwischen den vier Ländern stehen mancherlei Animositäten. Rumänien und Ungarn sind zerstritten wegen der ungarischen Minderheit im rumänischen Siebenbürgen. Alte Unlustgefühle belasten das Verhältnis zwischen Bulgarien und Rumänien. Diesem trägt auch die DDR aus den vergangenen Jahrzehnten manches nach. Eine Verschwörung oder auch nur die Bildung einer festen Fraktion im eigenen Lager hat Moskau also nicht zu befürchten.
Was das sowjetische Politbüro unruhig macht, ist von kleinerem Zuschnitt. Honecker, Kadar und Schiwkow finden, in unterschiedlichem Ausmaß, die momentane sowjetische Westpolitik des Abstands ihren Interessen schädlich und möchten sich ihr in Europa entwinden. Sie tasten sich damit auf einem Pfad vor, auf dem Rumänien mit seiner Politik der begrenzten Unabhängigkeit schon weit vorgedrungen ist – so weit, wie die anderen drei nicht kommen werden und auf überschaubare Zeit gewiß auch nicht kommen wollen. Die Bundesrepublik, die Honecker und Schiwkow besuchen wollten und die Ceausescu wahrscheinlich besuchen wird, ist allen vier kommunistischen Ländern ein wichtiger Wirtschaftspartner, den sie nicht, zu ihrem Schaden, von sich stoßen wollen.
Aber das darf nicht zu dem Schluß verleiten, den vier kommunistischen Staaten gehe es allein um Materielles. Ihre Führungen finden, wiederum in verschiedenem Maß, die sowjetische Rüstung seit einigen Jahren übertrieben. Sie fühlen sich dabei gestützt von ihren Völkern, die im Angesicht der Moskauer Hochrüstungspolitik ein wachsendes Ruhebedürfnis zeigen. Kadar und vielleicht auch Honekker und Schiwkow (was Ceausescu denkt, weiß man nicht)

mißbilligen Reagans Politik der militärischen Stärke; aber sie meinen auch, daß die Sowjetunion vorher dazu mindestens Vorwände gab und dann übertrieben darauf reagierte. Die Moskauer Darstellung, an den neuen Spannungen zwischen Ost und West sei allein der Westen schuld, versehen sie mit – kleineren oder größeren – Korrekturen.
Im Fall Ungarn ist noch mehr im Spiel. Budapester Parteitexte legen den Schluß nahe, daß die ungarische Führung begonnen hat, das Dogma von der führenden Rolle der Sowjetunion in der Gemeinschaft der sozialistischen Länder offen zu bestreiten. Damit wäre Ungarn auf einem Weg, der nicht vom Kommunismus weg –, aber aus der Unterordnung unter die sowjetische Vorherrschaft herausführt. Es ist der Weg der nationalen Souveränität, auf dem Jugoslawien und Albanien bis zum Ende gegangen sind und auf dem Rumänien ein ansehnliches Stück zurückgelegt hat. Es gibt kein Anzeichen dafür, daß Honekker und Schiwkow hier Kadar folgen wollen; aber die Sowjetunion fürchtet, daß da etwas kommen könnte.
Nur zwei von ihren osteuropäischen Verbündeten stören den Sowjets jetzt nicht die außenpolitischen Kreise: die Tschechoslowakei und Polen. Aber auf Prager Gefügigkeit kann Moskau nicht langfristig bauen; und das Regime in Warschau ist schwach.
So bietet der osteuropäische Vorhof dem sowjetischen Politbüro zwar kein beängstigendes, doch immerhin ein beunruhigendes Bild. Viel spricht dafür, daß Moskau die Verbündeten enger an sich binden möchte. Aber wie? Sie wirtschaftlich kürzer zu halten, das würde noch mehr Unruhe schaffen. Es müßte auch am Ende der sowjetischen Ökonomie schaden, die mit den Produktionsapparaten der kleineren Bruderländer verflochten ist. Oder könnte die Sowjetunion den Verbündeten wirtschaftlich entgegenkommen? Dazu ist sie anscheinend außerstande.

Könnte Moskau gar demonstrativ seine militärische Präsenz in den verbündeten Staaten (außer Rumänien) verstärken? Könnte es die Politbüros dort umbesetzen lassen?
Das wären Abenteuer; nichts weist im Augenblick darauf hin, daß die sowjetische Führung vorhätte, sich in derartiges zu verstricken. Wahrscheinlich ist sie jetzt so sehr in Anspruch genommen von Positionskämpfen – Generalsekretär Tschernenko ist alt und krank –, daß sie an eine systematische Änderung ihrer Politik im Vorhof nicht gehen kann. Aber das schließt einzelne, entschiedene Züge nicht aus – Honecker und Schiwkow haben es erfahren.

Gorbatschows Domestiken sind sie nicht
15. Januar 1986

Die Führer der kleineren Länder im Warschauer Pakt beobachten sicherlich mit gespanntem Interesse, welche Innen- und Außenpolitik sich der sowjetische Generalsekretär Gorbatschow zurechtlegt. Immer ist der Wechsel des Ersten Mannes in Moskau für die Ersten Männer weiter westwärts, von Warschau bis Sofia, ein einschneidender Vorgang; einst war er sogar schicksalsbestimmend. Als Stalin gestorben war und an seine Stelle zunächst eine Erbengemeinschaft trat, wich die Angst von den Parteichefs in Ostmittel- und Südosteuropa, ein plötzliches Mißtrauen des fernen Despoten könnte sie an den Galgen bringen. Dafür lastete auf ihnen nun die, erträglichere, Ungewißheit darüber, was die neuen Oberherren in Moskau mit jedem einzelnen von ihnen politisch vorhätten.

Als elfeinhalb Jahre später Chruschtschow stürzte, waren die Parteichefs in Zwischeneuropa nicht länger Statthalter, sondern Vizekönige. Sie hatten ein großes Stück Autonomie und damit so viel Selbstbewußtsein gewonnen, daß sie Breschnew sogar Unmut spüren ließen, weil sie den Wechsel aus dem Rundfunk erfahren hatten. Einige fürchteten um die Entstalinisierung, der Ungar Kadar um den Spielraum für eine Reformpolitik, die er vorbereitete. Andere wiederum, so der Tscheche Novotny, fühlten sich trotz allem erleichtert, weil sie glaubten, Breschnew werde ihnen nicht wie Chruschtschow ihren Rückstand bei der Entstalinisierung zur Last schreiben.

Der Tod Breschnews traf die Führer der kleineren Staaten im Warschauer Pakt aufs neue: sie hatten die Unbeweglichkeit dieses Oberherren genutzt, sich selbständiger zu machen. Andropow erweckte bei manchem von ihnen den Eindruck, er wolle den Block disziplinieren. Der Ungar Kadar freilich versprach sich etwas davon, daß Andropow nicht nur ihn persönlich schätzte, sondern sich auch für die ungarische Wirtschaftsreform interessierte. Weder Hoffnungen noch Befürchtungen konnten sich erhärten, weil Andropow keine fünfzehn Monate regierte.

Die Bestellung Tschernenkos zum Nachfolger kam den verbündeten Führern gelegen – die späte Ära Breschnew lebte wieder auf. In der sowjetischen »Nomenklatura« wuchs der Unmut über die sich hinziehende Herrschaft alter und kranker Männer. Den Führungen in den verbündeten Ländern hingegen war dieser Zustand gewiß recht.

So klang auch ihr Jubel über die Berufung des jüngeren, energischen Gorbatschow gedämpft. Was sie von ihm zu erwarten haben, wissen sie bis heute nur in Bruchstücken.

Der neue Generalsekretär hat das Gespräch mit Amerika wiederaufgenommen – das verheißt Entspannung und leichteren Wirtschaftskontakt mit dem Westen, vielleicht

sogar geringere Militärausgaben. Aber wieviel außenpolitische Eigenwilligkeit der anderen nimmt er hin? Und was hält er von den inneren Zuständen in den verbündeten Ländern?
Von Jaruzelski scheint Gorbatschow ein rascheres Einebnen gewisser polnischer Besonderheiten zu erwarten. Aber mit der starken Kirche und der vorwiegend privaten Landwirtschaft in Polen muß sich der neue sowjetische Generalsekretär abfinden wie seine Vorgänger auch. Der ungarischen Wirtschaftspolitik hat Gorbatschow bisher keine Steine in den Weg gelegt. Doch er betrachtet sie offenbar nur als tolerablen Sonderfall. Ein ökonomisches Vorbild sieht er hingegen in der DDR. Honecker mag sich heute ähnlich fühlen wie sein Vorgänger Ulbricht am Ende der sechziger Jahre: als Zweiter im Lager, als Herr des wirtschaftlich-technisch modernsten Landes im Bündnis.
Für die kleineren Parteichefs im sowjetischen Lager hängt also von dem großen Herrn in Moskau viel ab – doch längst nicht alles. Ihre politische Existenz ruht nicht ausschließlich auf der sowjetischen Gnade. Sie kommen nicht notwendigerweise durch Moskaus Befehl in ihr Amt. Als im Jahr 1956 die polnischen Kommunisten, ohne die sowjetischen Machthaber zu fragen, Gomulka zum Parteichef erhoben, war das einst von Stalin begründete Moskauer Vorrecht erschüttert, die Führer der »Bruderparteien« zu berufen. Seither bestimmt nur in besonderen Situationen die Sowjetunion Parteiführer in Zwischeneuropa. Im Gefolge des Aufstands in Ungarn stellte sie Kadar an die Spitze. Aber gerade er wurde zum Prototyp des autonomen Landesherrn im östlichen Lager. Andererseits kann die Sowjetmacht heutzutage einen ihr mißliebigen Parteichef nicht einfach absetzen. Ceausescu hat sich ihr zwei Jahrzehnte lang widersetzt. Moskau hat Ulbricht aus dem Amt

gestoßen; doch brauchte es dazu immerhin Gefolgsleute im Ost-Berliner Politbüro – Honecker vor allem.
Für die kleineren Parteichefs ist in der Regel die Machtbasis daheim mindestens ebenso wichtig wie das Vertrauen Moskaus. Da steht an vorderster Stelle das Politbüro: gegen eine stabile Mehrheit im höchsten Gremium kann sich ein Parteichef nicht halten. Auf die Willensbildung im Politbüro wirken wiederum Ansichten aus der privilegierten Schicht der höheren Funktionäre. Auch Stimmungen im Volk werden von den meisten der Parteichefs im Lager bei den Entscheidungen miterwogen.
Ohnehin haben die kommunistischen Führer alle ein heimliches Verlangen, von den Völkern geliebt zu werden, über die sie mit Hilfe von Polizei und Militär herrschen. Und sucht nicht sogar mancher von ihnen eine Legitimation seiner Herrschaft auch im Westen? Warum sonst wären sie so begierig auf Fotografien, auf denen man sie sieht, zusammen mit dem französischen oder dem amerikanischen Präsidenten oder gar mit dem Papst?

Ein Pakt, der Sorgen macht
22. April 1985

Der Warschauer Pakt macht dem Moskauer Politbüro Sorgen. Dabei ist noch am wenigsten wichtig, daß die Konferenz der Ostblock-Parteiführer, auf der die fällige Verlängerung des am 3. Juni auslaufenden Vertrages formell beschlossen werden sollte, wegen des Siechtums von Tschernenko ausfiel; sie wird nun mit Gorbatschow nachgeholt. Aber die Sowjetunion hat bei den Vorgesprächen

zu spüren bekommen, wie unwohl ihren europäischen Verbündeten im Pakt ist.
Mehrere, vor allem Rumänien und Ungarn, wollten das Bündnis nur um eine möglichst kurze Zeitspanne verlängert sehen. Über die finanziellen Belastungen im Pakt murren die kleineren Länder immer lauter. Das sowjetische Willensübergewicht im Pakt ist ihnen allen unrecht. Einige wünschen eine Revision, die es ausschließt, daß Moskau den Warschauer Pakt zu gewaltsamen Eingriffen in ihre Innenpolitik benutzt. Solche Ansinnen kann die Sowjetunion heute noch zum größten Teil abwehren. Aber wie wird es in einem Jahrzehnt sein?
Paradoxerweise ist die Sowjetmacht mit dem Warschauer Pakt selber nicht recht zufrieden. Auch sie wünscht sich das Bündnis anders. Schon am Vertragstext mißfällt ihr vieles. Der Pakt gilt nur für Europa: bei einem Krieg zum Beispiel in Asien werden die Verbündeten der Sowjetunion nicht beistandspflichtig. Wie sie der Sowjetunion in einem europäischen Konflikt Hilfe leisten, das können die verbündeten Länder selber bestimmen. Entscheidungen im Pakt bedürfen der Zustimmung aller; davon hat Rumänien Dutzende Male Gebrauch gemacht. Die Mitglieder des Warschauer Paktes müssen sich informieren und zu Rate ziehen, nicht aber sind sie zu gleichförmiger Außenpolitik verpflichtet. Kein Paktland muß alle seine Streitkräfte dem Vereinten Oberkommando unterstellen. Die Breschnew-Doktrin von der beschränkten Souveränität der sozialistischen Länder hat im Vertragstext keine Verankerung. Vieles hätten die sowjetischen Führer also gern anders, am Wortlaut und an der Wirklichkeit des Gruppenbündnisses. Aber sie wissen, daß mindestens einige ihrer Verbündeten Verhandlungen darüber als Gelegenheit nehmen würden, ihre eigenen, in die entgegengesetzte Richtung gehenden Änderungswünsche geltend zu

machen. So nehmen die Sowjets die Mängel des Paktes hin.
Sie hätten einst nicht gedacht, daß der Warschauer Pakt ihnen so viel Verdruß bringen würde. 1955 schufen sie ihn, um die sowjetische Militärpräsenz in Ostmitteleuropa politisch und rechtlich zu stützen. Für Chruschtschow erschöpfte sich darin fast der Zweck des Paktes. Das Zusammenwachsen des »sozialistischen Lagers« wollte er mehr mit Hilfe des Rates für gegenseitige Wirtschaftshilfe erreichen. Unter seinem Nachfolger Breschnew wurde der Pakt dann aber immer mehr ein Instrument zur Aufsicht über die Außenpolitik, in der die Verbündeten Regungen von Selbständigkeit zeigten. Zugleich wollte Breschnew über den Warschauer Pakt die Innenpolitik im Lager lenken und so die sowjet-leninistische Herrschaftsordnung im ganzen Lager sichern.
Das erwies sich als dringlich nach der tschechoslowakischen Affäre von 1968. Damals wurde in Moskau die Breschnew-Doktrin formuliert, und zwar als eine Interpretation des Vertrages über den Warschauer Pakt: der diene auch dem Schutz der Errungenschaften des Sozialismus in den Mitgliedsstaaten.
Es wäre ein Irrtum, zu glauben, daß heute die Paktstaaten aus dem Moskauer Lager ausbrechen möchten; da verwechselt mancher im Westen die osteuropäischen Obrigkeiten mit ihren Völkern. Für alle Parteiführungen in Ostmittel- und Osteuropa ist Moskau die Garantiemacht, von der sich zu trennen den Fall ins Nichts bedeutete. Die osteuropäischen Führungen drängen nicht aus dem Pakt, aber mehr Bewegungsfreiheit im Pakt möchten sie alle. Das gilt für die Beziehungen zum Westen, vor allem die wirtschaftlichen, ebenso wie für die inneren Verhältnisse. Manche westlichen Beobachter sagen, die kleineren Mitgliedsländer wünschten sich den Warschauer Pakt weniger

militärisch und dafür mehr politisch. Das ist zweifelhaft. Neue politische Einschränkungen aus einem politisch aktivierten Pakt könnten ihnen drückender sein als militärische Verpflichtungen.
Die Pakt-Gesinnung ist also nicht erloschen, aber die Pakt-Müdigkeit wächst. Damit wird die Sowjetunion immer mehr Mühe haben – gleich, ob sie die Zügel in Osteuropa lockerer läßt oder anzieht. Doch braucht sie nicht verzweifelt um den Pakt als politisches und rechtliches Instrument zu bangen. Sie hat längst vorgesorgt für den Fall einer inneren Auszehrung des Paktes: durch ein Netz zweiseitiger Bündnisverträge. Diese Verträge, von der Sowjetunion durch die Jahrzehnte mit System vervollkommnet, gleichen viele Mängel des Warschauer Paktes aus. Sie beschränken die Beistandspflicht nicht auf Europa; sie überlassen es nicht dem Vertragspartner der Sowjetunion, wie er ihr Beistand leistet; sie verpflichten zur Koordination in der Außenpolitik (nur Rumänien hat diese Vertragsdaumenschraube vermeiden können). Einige der Verträge geben sogar der Breschnew-Doktrin eine Stütze.
Aber auch die zweiseitigen Verträge sind der politischen Erosion ausgesetzt, dem zunehmenden Überdruß an der Sowjetvormacht. Am Ende ist das System der bilateralen Verträge nicht viel mehr wert als der Warschauer Pakt.
Die Satellitenstaaten werden auf absehbare Zeit im – kollektiven wie zweiseitigen – Bündnis mit der Sowjetunion bleiben. Aber ihre Eigenwilligkeit wird zunehmen – gleich, was alle die Verträge besagen und für wie lange sie gelten.

II.
Halbvergessene Nachbarn
Der Westen und seine Verantwortung

Ohne viel Gewissensbisse überantwortete der Westen – und das waren damals Amerika und Großbritannien – am Ende des Zweiten Weltkrieges die Nationen Ostmittel- und Südosteuropas der Herrschaft Stalins. Ihr übles Schicksal wurde beklagt; aber es zu mildern, dafür wollten die westlichen Staaten nichts einsetzen. Den sowjetischen Einmarsch in Ungarn suchten sie nicht ernsthaft zu verhindern. Zum Überfall auf die Tschechoslowakei, zwölf Jahre später, luden sie mit Versicherungen ihres Desinteresses die Moskauer Führung geradezu ein. Westliche Sanktionen jeweils nach sowjetischen oder sowjetisch inspirierten Gewaltstreichen fielen lahm aus. Aber noch schlimmer. Unbedachte Politiker-Worte, aus Unkenntnis der Wirklichkeit und der Möglichkeiten im östlichen Teil Europas gesprochen, haben den unter sowjetischer Herrschaft lebenden Nationen geschadet. In Amerika wie im westlichen Europa gibt es immer wieder Versuchungen, Politik mit der Sowjetunion auf Kosten der Kleineren dazwischen zu betreiben. »Entspannung« war dafür ein symbolisches Wort. Für einzelne Verfolgte in Ländern des sowjetischen Lagers haben sich Staatsmänner und Bürger bei uns schon eher eingesetzt. Aber auch da fehlte es an Ausdauer und manchmal an Klugheit. Seiner Verantwortung für die Völker drüben kann der Westen nicht mit folgenlosen Worten gerecht werden, sondern nur mit einer bedachten Politik, die Festigkeit ebenso zur Verfügung hat wie Phantasie.

Auf den Osteuropäern herumgetrampelt
6. Mai 1976

Ein amerikanischer Diplomat bringt die Völker und einige Regierungen im kommunistischen Teil Europas auf.

Kissinger sollte sich nicht täuschen: Die Gedanken über Osteuropa, die sein Berater Sonnenfeldt im letzten Dezember vor einer Runde amerikanischer Botschafter ausbreitete, die dann im April bekannt wurden und viel Erregung hervorriefen, werden in den kleineren kommunistischen Staaten Osteuropas schwere Flurschäden hinterlassen. Das hätten die führenden Männer der amerikanischen Außenpolitik vorhersehen können. Die Sonnenfeldt-Doktrin (in der Fassung, die ihr das State Department gab) trampelt elefantenhaft auf den Interessen und den Nerven der unter sowjetischer Herrschaft oder auch nur Bedrohung lebenden Völker herum, sie stößt sogar die kommunistischen Führungen mehrerer dieser Völker vor den Kopf. Da wird vor allem Ostmitteleuropa ganz undifferenziert eine natürliche Interessensphäre der Sowjetunion genannt. Gewiß, die Sowjets haben an diesem Stück Europas ein starkes Interesse, das sie schon im Zweiten Weltkrieg, im Zusammenwirken mit Hitler, und dann vollends nach dem Weltkrieg befriedigten – durch gewaltsame Unterwerfung. Aber ist dieses Interesse natürlich?

In den Augen vieler Millionen Osteuropäer und selbst mancher osteuropäischer Regierungen sieht das anders aus. Die meisten Tschechen und Slowaken, Polen und Ungarn, Rumänen und übrigens auch Ostdeutschen finden es aus ihrem Lebensgefühl, ihrer Geschichte und Kultur gar nicht natürlich, daß sie Objekt eines Interesses der russisch-sowjetischen Imperialmacht sein sollen. Sie können an der Sowjetherrschaft, die sich ihnen aufgezwungen hat,

nichts ändern, nehmen sie (nach erfolglosen Befreiungsversuchen) hin, versuchen sogar das Beste daraus zu machen. Aber da kommt nun ein maßgeblicher Mann der amerikanischen Diplomatie und schreibt ihnen das Unvermeidliche als Natürliches vor. Sonnenfeldt wünscht zwar, Moskau möge sein Verhältnis zu den kleineren osteuropäischen Nationen nicht ausschließlich auf Gewalt stützen, möge dieses Verhältnis »organischer« machen (Kissinger hat, Sonnenfeldt korrigierend, »historischer« gesagt). Aber ein solcher Wunsch bewirkt in Osteuropa nichts; die Anerkennung der sowjetischen Vormachtposition dort hingegen stärkt Moskaus Herrschaft und entmutigt die Beherrschten, bringt sie dazu gegen den Westen auf.
Mit Befremden auch müssen es Millionen Polen und Ungarn aufgenommen haben, wie Sonnenfeldt ihre heutige Lage beschönigt, als annehmbar hinstellt. Welche Verzerrung der Proportionen! Die Polen fühlen sich unter Gierek, die Ungarn jetzt unter Kadar weniger verfremdet als davor. Aber woher hat der Mann in Washington die Vorstellung, sie fühlten sich schon recht wohl in der sowjetischen Kunststoffhaut, die ihrer nationalen Existenz übergezogen ist? Sicher nimmt sich der Zustand in den Augen der meisten osteuropäischen Parteiführer anders aus als für die Völker. Gierek und Kadar zum Beispiel wünschen sich, daß die Sowjetunion ihre Länder möglichst in Ruhe läßt; doch brauchen sie Moskau, das allein ihre Macht garantieren kann. Die Parteioberen in Prag wiederum fühlen sich auch in ihrem politischen Alltag auf die Sowjetunion angewiesen. Sonnenfeldt aber setzt die Völker mit ihren kommunistischen Obrigkeiten gleich, die sie nicht gewählt haben.
Am schlimmsten spielen die Sonnenfeldt-Thesen Rumänien mit. Der amerikanische Diplomat kritisiert das Bukarester Regime, und seine Kritik hat Hand und Fuß. Tatsächlich ist die Innenpolitik Ceausescus selbst für Ost-

block-Verhältnisse auffällig hart. Ob der Führer Rumäniens mit solcher Härte am Schluß die wirtschaftliche Unabhängigkeit von Moskau und die politische Geschlossenheit der Nation erreichen wird, ist zweifelhaft. Aber Ceausescu kam zu seinem Kurs nicht aus bloßer Willkür. Er steht mit seinem Willen zur Selbstbestimmung Rumäniens immer zwischen zwei sowjetischen Feuern. Auf der einen Seite muß er vor sowjetischer Subversion auf der Hut sein, vor dem Entstehen von Gruppen, die eines Tages gepanzerte »brüderliche Hilfe« über die Grenzen herbeirufen könnten. Auf der anderen Seite muß er den sowjetischen Vorwurf (der Konsequenzen hätte) vermeiden, seine Herrschaft sei nicht mehr leninistisch, sondern bürgerlich-westlich aufgeweicht. Beides treibt ihn, seine Bevölkerung rigoros zu behandeln. Die öffentlich gewordene Schelte Washingtons, die seine Position gegenüber Moskau schwächt, kann daran nur etwas verschlimmern.
Ganz unnötigerweise hat Sonnenfeldt im Zusammenhang mit den Mitgliedsstaaten des Ostblocks Jugoslawien abgehandelt, das doch dem Warschauer Pakt nie angehörte. Auch dieses Land findet sich von Kissingers Berater kritisiert, und auch hier ist der Tadel nicht aus der Luft gegriffen. Sonnenfeldt wirft der Belgrader Führung die Rücksichtslosigkeit vor, mit der sie – im Vertrauen darauf, daß Amerika ein unabhängiges Jugoslawien brauche – immer wieder antiamerikanische, antiwestliche Politik treibt. Dieser Vorwurf konnte nicht ausbleiben. Allmählich mutete es ja grotesk an, wie Washington Jugoslawien immer neue Hilfe gab und von dort immer neue Hiebe einsteckte. Aber nun steht der Vorwurf da im Zusammenhang mit gefährlichen Auffassungen von einer natürlichen Sphäre in Osteuropa. Sonnenfeldts Versicherung, Amerika wolle Jugoslawiens relative Unabhängigkeit auch in Zukunft stützen, verliert damit an Gewicht.

Die Dissidenten und wir
8. März 1977

Manchmal könnte man meinen, die osteuropäischen Dissidenten, die emigrierten wie die daheim gebliebenen, bereiteten den westlichen Regierungen nicht viel weniger Verlegenheit als den östlichen. Ford hatte seine liebe Not mit Solschenizyn, Carter mit Bukowski, Giscard und Schmidt mit Amalrik. Ob man alles richtig gemacht habe, außenpolitisch und innenpolitisch, wird seither in den drei Hauptstädten überlegt, bald vielleicht auch in anderen. Und keine Regierung kann sicher sein, sie habe es nun für immer hinter sich.

Seltsam, wie wenig die Politiker alle miteinander vorbereitet waren. Die Irrtümer häufen sich, nicht nur in den Staatskanzleien, sondern auch in der Öffentlichkeit. Da war von unzulässiger Einmischung in die inneren Angelegenheiten der Sowjetunion die Rede. Ein westlicher Regierungschef darf natürlich empfangen, wen er will, auch Emigranten aus der Sowjetunion; die Ostblock-Führer selber sind da umgekehrt ganz ungeniert. Allenfalls Carters Brief an Sacharow läßt sich als Hinübergreifen einer Staatsgewalt in das Territorium einer anderen hinstellen. Aber die Idee, dem amerikanischen Präsidenten deswegen ein schlechtes völkerrechtliches Gewissen aufzureden, ist absurd. Mit gänzlich ungetrübtem Gewissen steuert und bezahlt die Sowjetmacht seit Jahrzehnten den Monsterapparat des internationalen Kommunismus; es ist nicht ihr Wille, daß neuerdings der eine oder andere von den Gesteuerten nicht mehr ganz pariert.

Moskau möchte einwenden, die kommunistischen Parteien seien im Westen erlaubt, Beziehungen zu ihnen könnten deshalb nichts von Subversion haben. Aber von Sacharow sagen die Sowjets selber, er sei ein freier Mann; Beschwerden aus dem Westen, der Nobelpreisträger werde vom Regime als eine Art Luxusgefangener zum Vorzeigen gehalten, weisen sie entrüstet zurück. Und selbst wenn es sich anders verhielte: Das sowjetische Lager hat sich im Lauf der Jahrzehnte einen Einmischungsvorsprung verschafft, den die westlichen Staaten gar nicht mehr aufholen können. Kein Grund also zur Zurückhaltung aus Rechtsgefühl.

Andere empfehlen Vorsicht aus Angst vor sowjetischem Unwillen. Indessen, der Westen ist seit vielen Jahren sanft genug gegenüber der Sowjetunion. Das westliche Europa gar hat sich Bravheit gegenüber Moskau als Dauerpflicht selber auferlegt. Noch weiter braucht man die Vorsicht wohl nicht zu treiben.

Es gibt aber einen Grund, der westlichen Staatsmännern zu genauer, vorsichtiger Kalkulation beim Umgang mit Dissidenten rät: Rücksicht auf das Schicksal der im sowjetischen Lager freiwillig gebliebenen oder zurückgehaltenen Opponenten. Wem es nicht allein darum geht, die Unruhe im Ostblock zu steigern, der muß bei jedem zum Publikum gesprochenen Wort über Dissidenten im Auge haben, daß westliche Interventionen nur bis zu der kritischen Grenze nützlich sind, an der Moskau festes Draufschlagen auf seine inneren Gegner mit allen schädlichen Folgen als das kleinere Übel erscheint gegenüber dem Hinnehmen immer stärkeren Drucks von außen, der sich in inneren umsetzt. Wo die Grenze genau verläuft, muß in jedem einzelnen Fall ertastet werden.

Aber verkehrt ist sicher die Ansicht, in das osteuropäische Oppositions-Feuer lasse sich beliebig viel Öl gießen, ohne daß die Dissidenten dort davon Brandwunden bekommen könnten. Von der alten Erfahrungsregel, daß Bedrängten im Sowjetreich Hilfeschreie im Westen helfen, ist nichts abzustreichen; aber auch nichts davon, daß Einsatz und Lautstärke jeweils mit politischem Verstand abzumessen sind. Und wem es gar nicht um die Dissidenten geht, sondern um die politische Sprengwirkung, der müßte immerhin bedenken, daß auch die jüngste Welle politischen Widerspruchs im östlichen Lager, so sehr sie dem Westen Entlastung bringt, sich in westlichen Händen nicht in die Wunderwaffe verwandeln kann, mit der sich der Sowjetkommunismus auf die Knie zwingen ließe.

Das schon deshalb nicht, weil die Dissidenten nicht ihre Nationen in einem greifbaren politischen Sinn repräsentieren. Sie nehmen vieles auf, was das Volk denkt oder doch empfindet. Aber sie gehen mit ihren Forderungen weit über das hinaus, was die Bevölkerungsmehrheit und auch noch die Mehrheit der Intelligenz zu denken wagt. Gewöhnung, Abgeschlossensein von Informationen über den Westen, die nicht nur gehört, sondern auch existentiell erfahren werden; der Opportunismus, mit dem man sich durch das von der Partei beherrschte tägliche Leben bringt und mit dem man auch seinen Kindern Hindernisse ersparen will; erzwungene Komplizenschaft mit dem Regime und daraus folgendes Sichverbeißen ins Gegebene bei Millionen; Enttäuschung über eine freie Welt, der es genügte, daß sie selber frei war, und die jetzt auch noch ihre Freiheit weniger zu schätzen scheint – das alles liegt nicht nur als dünner Firnis auf Osteuropa. Und in der Sowjetunion gar, im russischen Teil vor allem, ruht die Sowjetmacht auf einem nicht gerade dünnen Polster aus patriotischem Konsens.

1953, 1956 und 1968 haben wir erlebt, wie rasch im Vorhof der Sowjetunion die kommunistische Decke zerreißen kann. Aber jedesmal sahen wir auch, wie rasch die Risse geflickt waren. Die Dissidenten ragen aus dieser gespenstischen politischen Landschaft wie einsame Felsen hervor. Wir müssen ihnen zu helfen versuchen. Aber wir dürfen sie nicht rücksichtslos für unsere Interessen einspannen.

Eindämmung statt Entspannung
24. Juni 1980

Als die Sowjetunion 1947 daranging, den Westmächten mit Taten das Kriegsbündnis aufzukündigen, in dem von ihr besetzten Teil Europas die letzten demokratischen Inseln zu vernichten und im Westen die Subversion generalstabsartig zu organisieren, wurde zwischen West und Ost aus einem ungeklärten Nebeneinander ein klares Gegeneinander: der Ost-West-Konflikt begann. Seither hat er nicht mehr aufgehört. Zwar wechselten seine Erscheinungsformen, die Mittel, die Nahziele Moskaus; doch der Konflikt blieb. Es blieb der sowjetische Wille, ihn zu führen bis zum Ziel: der ungefährdeten Alleinherrschaft über die ganze Welt, und es blieb auch der erklärte Wille der westlichen Welt, sich dagegen zu behaupten.
Beständig ist der Konflikt; weniger beständig die Kraft der westlichen Völker und ihrer Führungen, ihn durchzuhalten. So wie die Menschen im Kleinen können auch die Nationen im Großen Streit nur schwer über lange Zeit ertragen. Das ihnen eingeborene Bedürfnis nach Harmonie mit der Umwelt läßt sie das Arrangement, den Frieden suchen. Im Ost-West-Konflikt zeigten die westlichen Nationen das erste Ermüden um die Mitte der fünfziger Jahre. Stalin war tot; sein Nachfolger Chruschtschow hatte es leicht, in Millionen westlicher Bürger und in vielen westli-

chen Politikern den Wunsch, eine andere Sowjetunion zu sehen, in Gewißheit zu verwandeln. Bereitwillig, begierig fast nahmen sie ihm das Wort »friedliche Koexistenz« zur Beschreibung des Verhältnisses zwischen den beiden Welten ab. Die Bezeichnung »kalter Krieg« wurde verbrannt wie altes Laub.

»Kalter Krieg« – das war ein Name, der die Sache nur unvollkommen charakterisierte. Denn zum einen war die meiste Zeit und im größten Teil der Welt nichts geschehen, was zur herkömmlichen Vorstellung von Krieg gepaßt hätte; zum anderen waren Ost und West in Korea drei Jahre lang in einen regelrechten heißen Krieg verwickelt. Doch dem Begriff machte den Garaus nicht, daß er unpräzise, sondern daß er unbequem, bedrückend war. Er forderte viel Anstrengung von den Staaten und ihren Bürgern, materielle und psychische Anspannung. »Friedliche Koexistenz« verlangte viel weniger, eigentlich nichts.

In den sechziger Jahren kam ein anderes Wort in Schwang: »Entspannung«. Es war einfacher, klang noch angenehmer und kam einem Lebensgefühl entgegen, das dann vor allem in den siebziger Jahren mächtig auf die Politik einwirkte. Ideologen redeten dem Volk vor, am menschenwürdigsten und angenehmsten dazu sei ein Leben ohne Anstrengung, ohne Zwang und Selbstzwang: nicht schwimmen, sondern sich tragen lassen. Nicht nur unter den Jüngeren fand das Widerhall. Wenn aber der einzelne Bürger so leben sollte (und offenbar im Wohlstands-Staat auch gut so leben konnte), warum nicht auch die ganze Nation? So hat sich der Begriff »Entspannung« und sein Gefühlsgehalt bei Millionen im Unterbewußtsein festgesetzt.

Doch das Bedürfnis nach Befreiung von einer als drückend empfundenen Realität schuf sich nicht nur handliche Worte, sondern auch rational klingende Begründungen. Zum Beispiel: Die sowjetischen Führer seien ganz damit beschäftigt, sich eine leistungsfähigere Wirtschaft aufzubauen. Oder, etwas modifiziert: Die sowjetischen Führer würden schon gern den Westen aufs Kreuz legen. Doch sie fühlen sich daran gehindert, solange sie dem Westen wissenschaftlich-technisch so sehr unterlegen sind. Oder: Der Sowjetunion geht es nur darum, ihre Macht im eigenen Lager zu sichern. Oder: Die Sowjetunion fühlt sich an Abenteuern in Europa von den unterworfenen Völkern behindert. Sie fürchtet, die Polen, Tschechen, Ungarn und andere würden ihr in den Rücken fallen. Das sind Varianten der These von der »defensiven Sowjetunion«. Es gibt derer noch mehr.

Alles Blüten des Wunschdenkens; nichts davon hält einer Nachprüfung stand. Die Sowjetunion hat seit ihrem Beginn eine miserabel funktionierende Wirtschaft. Damit lebt sie und breitet sich aus. Ihre Führer kennen es nicht anders – warum sollte ihnen auf einmal gerade das unerträglich sein? Explosive Unzufriedenheit im Sowjetvolk ist ihnen bis jetzt noch keine existentielle Erfahrung. Mit Ausbrüchen wie auch mit stiller Sabotage im Satellitengürtel wurden sie bisher immer fertig. Warum sollten sie ernsthaft befürchten, das werde sich ändern? Rückstand in der Technologie hindert die Sowjetunion nicht, die stärkste Armee der Welt zu haben, ein gewaltiges Instrument, mit dem sich, wie man gesehen hat, erobern und erpressen und der osteuropäische Vorhof niederhalten läßt.

Die Begründungen sind also leicht zu entkräften. Doch damit ist noch nicht viel gewonnen. Der Drang zum Ignorieren des Ost-West-Konflikts kommt nicht aus der Vernunft, sondern aus einer Stimmung. Sie schafft sich ihre Worte und nährt sich dann aus ihnen. Richtige Worte können der Stimmung entgegenwirken. »Entspannung« ist in zweifachem Sinne ein gefährlicher Begriff: er stellt den Zustand falsch dar, und er suggeriert eine falsche Aufgabe. Viel zu früh, grundlos hat der Westen einst das Wort »Eindämmung« preisgegeben. Es enthält eine richtige Beschreibung der Weltlage und verlangt von den westlichen Nationen, was heute so nötig ist wie in den vierziger und fünfziger Jahren: den sowjetischen Imperialismus anzuhalten.

Vom Einmarschieren abschrecken
27. Dezember 1980

Ende 1980: Wird Polen Opfer einer Invasion? Und was wird der Westen dann tun?

Mit auffällig energischen Worten warnen die westlichen Regierungen die Sowjetunion davor, in Polen einzumarschieren. Inhalt und Schärfe des Tons entsprechen dem Grad der von Moskau drohenden Gefahr; aber sie haben auch einen Grund, der im Westen liegt. Die Länder des atlantischen Bündnisses spüren endlich die Notwendigkeit, ein klaffendes Loch in ihrer Glaubwürdigkeit zu schließen, das aus der letzten sowjetischen Einmarsch-Affäre herrührt.

Als die Rote Armee Afghanistan überfallen hatte, raffte sich der Westen nicht zu ernsthaften Sanktionen auf. Es kam nur zu Halbheiten, die mehr Verlegenheit als Entschlossenheit verrieten.

Das Ausbleiben von Sanktionen nach Afghanistan war eine Praxis, der eine Theorie zugrunde lag. Der SPD-Vorsitzende Brandt zum Beispiel sprach das fatale Wort, eine Weltmacht könne man nicht bestrafen, und er meinte dabei offensichtlich »können« im Sinne von »dürfen«. Bundeskanzler Schmidt und der französische Präsident

Giscard beschworen die Welt, jetzt komme es vor allem darauf an, die beiden Supermächte wieder ins Gespräch miteinander zu bringen. Damit begründeten sie es auch, daß sie nacheinander zu Breschnew fuhren. Es gab in den letzten Jahren nicht viele europäische Versuche, Weltpolitik zu machen, die im Ansatz so verfehlt waren. Breschnew fand sich aus der weltpolitischen Isolierung befreit, die, vom Westen eine Weile aufrechterhalten, eine Sanktion hätte sein können.

Vor dem sowjetischen Einmarsch nach Afghanistan hatte Carter Breschnew zur Zurückhaltung gemahnt, doch hatte er beim sowjetischen Parteichef kein Gehör gefunden – als hätte dieser die westliche Reaktionsunfähigkeit nach dem Gewaltstreich vorausgesehen. In solcher Voraussicht mußte ihn wiederum die Erinnerung an die Tage nach dem sowjetischen Überfall auf die Tschechoslowakei bestärken. Damals hatte der Westen die Sowjetunion sogar noch von den kleinen Unbequemlichkeiten verschont, die er ihr dann nach Afghanistan immerhin zudachte.

Man muß sich ins Gedächtnis zurückrufen, daß im Angesicht der soeben besetzten Tschechoslowakei der französische Außenminister Debré davon sprach, auf der Straße der Entspannung habe es einen »Verkehrsunfall« gegeben, um dessentwillen man nicht den Verkehr einstellen dürfe. Dieses Bild mußte die Interventionisten im Moskauer Politbüro ermutigen. So wollte Frankreich es halten, und nicht nur Frankreich, sondern der ganze Westen. Wie auch anders – der Westen, an der Spitze die Vereinigten Staaten, hatte ja der Sowjetunion vor dem 21. August 1968 zugesagt, er werde sie beim Marsch auf Prag nicht stören. In Ungarn, zwölf Jahre davor, hatte er sich ebenso verhalten.

So ist denn die Geschichte der sowjetischen Einmarsch-Politik zugleich eine Geschichte westlicher Abschrekkungs- und Reaktionsschwäche, wobei der eine westliche Mangel den anderen bedingt: weil man einmal nicht reagiert hat, kann man das nächstemal nicht abschrecken; und weil man vorher nichts Ernsthaftes zur Abschreckung tat, fällt einem nachher das Reagieren um so schwerer. Aus dieser Kalamität sucht sich der Westen in der polnischen Affäre nun zum erstenmal zu lösen. Das Ziel müßte ein System bereitliegender Sanktionen sein, deren bloße Existenz der Sowjetunion die Entschlußschwelle erhöht – vor einem Gewaltstreich und auch schon vor der Drohung damit.

Doch davon ist die Nato noch weit entfernt. Auf ihrer letzten Ratstagung in Brüssel gab es unterschiedliche Ansichten über Prozedur und Taktik. Die Amerikaner hätten gern gesehen, daß das Bündnis eine Liste von Sanktionen für den Fall eines sowjetischen Einmarsches in Polen beschlossen hätte. Die Europäer hingegen hielten es für unzweckmäßig, die Sowjetunion schon jetzt im einzelnen wissen zu lassen, was sie bei einem Einmarsch von der Nato erwarten müßte; offenbar erschien ihnen unsicher, ob eine beschlossene Sanktionen-Liste wirklich geheim bleiben würde.

So wurden denn die Ministerialbürokratien der Mitgliedsstaaten damit beauftragt, eine Art Maßnahmenkatalog auszuarbeiten. Damit hat die Nato diese wichtige Entscheidung auf eine Bank geschoben, die jedenfalls für den immer noch akuten Gefahrenfall Polen zu lang ist. Die Sowjetunion darf sich nicht vorher auf die westlichen Konsequenzen aus einer Vergewaltigung Polens einrichten können; aber sie muß wissen, daß solche Konsequenzen wenigstens in großen Zügen festgelegt sind, daß der Westen sich nicht erst noch darüber schlüssig und einig zu werden braucht.

Den Differenzen in der Nato liegt zugrunde, daß die Bereitschaft zu Sanktionen heute bei den Amerikanern stärker ist als bei den Europäern, von denen sich viele, allen Versicherungen des Gegenteils zum Trotz, der Wunschidee nicht ganz entziehen mögen, sie könnten eines Tages eine bequeme und dazu noch sichere Existenz zwischen dem Sowjetblock und Amerika führen. Vielleicht wäre es für die Europäer leichter, sich hier Amerika einen Schritt anzunähern, wenn sich die Washingtoner Sanktionspolitik präziser durchdacht, nüchterner kalkuliert zeigte. Zauberstäbe, mit denen Rußland von Einmärschen abzuhalten wäre, hat der Westen nicht. Aber nach einem Vierteljahrhundert Erfahrung mit einer Sowjetunion, die vor Okkupation und Drohung damit nicht zurückscheut, ist es an der Zeit, daß der Westen seine bemessenen Mittel der Sanktion und damit der Abschreckung bereitstellt.

Der Westen lernt nichts dazu
28. Dezember 1981

Jedesmal, wenn die Sowjetunion eine Nation mit einem Gewaltstreich niederwirft, versagt der Westen. Als 1956 die Rote Armee den ungarischen Aufstand zusammenschoß, rief der Westen Durchhalteparolen hinüber und tat nichts; er war ganz mit seinen Angelegenheiten beschäftigt, vor allem mit dem Suez-Abenteuer und dessen Folgen. Zwölf Jahre später gab Amerika Breschnew zu verstehen, es werde stillhalten, wenn er nach der Tschechoslowakei greife. Breschnew hätte das auch so vermutet; aber nun mußte er sich zum Einmarsch geradezu ermuntert fühlen. Wiederum elf Jahre danach beantwortet der

Westen den sowjetischen Überfall auf Afghanistan mit der kabarettistisch anmutenden Ankündigung, man werde sich ernsthaft überlegen müssen, ob die »Entspannung« noch einen solchen Schlag aushalte. Und zwei Jahre darauf, da auf sowjetischen Befehl der Parteigeneral Jaruzelski sein Volk niederwirft, reagiert der Westen damit, daß er einen vorzüglich organisierten bürokratischen Leerlauf in Gang setzt.
Starke Worte nützten den Polen nichts, gibt die Führung in Bonn dem Volk zu verstehen. Das ist ein Ablenkungsmanöver. Es soll die Leute vergessen lassen, daß vor allem Taten verlangt sind. Zu denen aber kommt es nicht. Die Nato tagt und tagt und tagt, und das Ergebnis ist: sie kann sich nicht darüber einigen, ob sie für diesen Fall – die polnische Armee wird von Moskau gezwungen, die Sowjet-Ordnung in Polen selber wiederherzustellen – überhaupt etwas beschlossen hatte. Pläne sind zwar beredet worden, aber nun erweist sich, daß die ganze Zeit vor unverschlossenen Hintertüren palavert wurde. Anderthalb Jahre fast hatte die Nato Zeit fürs Planen; nun ist es dafür ziemlich spät. Die Nato wird sich auch nicht darüber schlüssig, was jetzt – Plan hin, Plan her – zu tun sei. Amerika ist zwar bereit, Moskau einen Preis für die in mittelbarer Täterschaft begangene Invasion Polens abzuverlangen. Aber die Europäer tun nichts, und unter ihnen versagen sich am kräftigsten die Deutschen. Was die Amerikaner vorschlagen, lehnt Bonn ab. Die Deutschen machen auch keine ernsthaften Gegenvorschläge. Von Bonn – wo die Regierung besorgt ist, die Lage aufmerksam beobachtet, abwarten will, ob ... oder ob nicht ... und wie ... – breitet sich Lähmung über Europa aus, und noch weiter. Für die Sozialistische Internationale nimmt deren deutscher Vorsitzender, Willy Brandt, in einer Erklärung davon Kenntnis, daß Jaruzelski die Fortsetzung des Reformkurses versprochen

habe, und er findet es offenbar gar nicht grotesk, daß der Kriegsherr von Reformkurs zur gleichen Zeit sprach, da seine Miliz-Truppen ausschwärmten, Tausende zu verhaften und in Lager zu schaffen. Die Sowjetunion kommt in Brandts Text nicht vor, als habe sie mit der Affäre nichts zu tun.

Das atlantische Bündnis kann sich auf nichts verständigen, und die Verbündeten ziehen daraus hurtig den Schluß, auch als einzelne in wortreicher Untätigkeit zu verharren. Große Worte fallen also doch, zum Beispiel in Parlamentsresolutionen – und tatsächlich, sie nützen den Polen nichts, weil sie erkennbar den Willen vertuschen (oder vielleicht sogar auf schlaue Weise offenbaren?) sollen, nicht zu handeln. So wiederholt sich das beklemmende Schauspiel, das die westlichen Länder nach der Besetzung Afghanistans boten. Damals fand der Bonner Außenminister Genscher, der Westen solle auf die Dritte Welt hoffen. Wir wissen, wieviel dabei für Afghanistan herausgekommen ist. Jetzt sagt er, eine wichtige Gelegenheit, dem sowjetischen Lager mit Nachdruck Forderungen für Polen zu stellen, sei das Gespräch gewesen, das er nach Jaruzelskis Schlag mit dem tschechoslowakischen Außenminister Chnoupek führte. Das ist die Bonner Vorstellung von »Nachdruck« gegenüber Moskau.

Nach dreieinhalb Jahrzehnten voller bitterer Erfahrungen weiß der Westen immer noch nicht, worauf es im Umgang mit der Sowjetmacht ankommt: auf Festigkeit, Wachheit und äußerste Nüchternheit. Die Reaktion auf vorhersehbare sowjetische Züge muß der Westen rechtzeitig vorbereiten. Er darf sich nicht dilettantenhaft der Eingebung des Augenblicks überlassen (die übrigens dann gewöhnlich ausbleibt), wie bei Afghanistan und Polen. Der Westen muß auch lernen, der Sowjetunion mit unbeirrbarer Hartnäckigkeit zuzusetzen, wenn es nötig ist; daran fehlt

es im Fall Afghanistan. Der Westen muß endlich sein heimliches Verlangen loswerden, sich von der Sowjetunion täuschen zu lassen.
Jede Unaufmerksamkeit, jedes Schleifenlassen, jede Fehlreaktion und jedes noch so gut gemeinte Abrutschen in Gefühlsseligkeit im Verkehr mit der Sowjetmacht kann teuer zu stehen kommen. Nicht erst im Rückblick erscheint es als Fehler, daß Bundeskanzler Schmidt dem Drängen Honeckers zu einem Treffen noch vor Mitte Dezember nachgab – zu einer Zeit, da sich in Polen Dramatisches ankündigte. Wird es ihm, wird es uns nützen, daß er sich im Güstrower Dom zu dem Wort verlocken ließ, der Marxist Honecker und der Christ Schmidt seien gar nicht so weit auseinander? Und was sollte der unglaubliche Bericht, Honecker sei über die Jaruzelski-Nachricht aus Polen genauso bestürzt gewesen wie er, Schmidt? Das sind Fehler im kleinen. Aber einer kommt zum anderen, und wenn genug beisammen sind, gibt es eine falsche Politik. Wird der Westen nie lernen, was der Sowjet-Leninismus ist?

Wer spricht noch von »Entspannung«?
19. März 1982

Die »Entspannungspolitik« müsse fortgesetzt werden, sagte neulich der Vorsitzende der saarländischen SPD, Lafontaine, in einem Vortrag in Ost-Berlin. Mit so einem Ausspruch kann einer heute beinah so auffallen wie ein weißer Rabe, denn das Wort »Entspannung« ist immer mehr außer Gebrauch gekommen – selbst in der Bonner

Koalition, wo es über ein Jahrzehnt lang zum Lieblingsvokabular gehört hatte. Der Kanzler und der Außenminister verwenden es immer weniger; und wenn, dann oft mit einschränkenden Zusätzen wie »realistisch«. Am liebsten sagen sie statt »Entspannungspolitik« heute »Politik des Gleichgewichts«. Dieser Begriff kommt nun zu Ehren in einer Zeit, da die Sowjetunion das militärisch-strategische Gleichgewicht von einst längst in Übermacht verwandelt hat. Früher, als es Gleichgewicht zwischen Ost und West gab, war das Wort offenbar weniger anziehend. Damals kam »Entspannung« in Schwang. Es sollte ausdrücken, daß der Ost-West-Konflikt an Schärfe, an Gefährlichkeit verloren habe.

Diese Vorstellung war freilich schon dann falsch, wenn sie sich auf Kriegsgefahr bezog. Denn gerade in der Zeit der Entspannung geriet die Welt an den Abgrund einer Katastrophe: im Herbst 1962, mit der Kuba-Krise, als Chruschtschow Raketen vor der amerikanischen Haustür aufstellen wollte. In der Periode davor hingegen, im sogenannten »kalten Krieg«, war es so weit nie gekommen, auch nicht beim blutigen Konflikt in Korea. Als gänzlich unhaltbar aber erwies sich die Vorstellung, sofern sie auf das politisch-strategische Ringen der beiden Blöcke gemünzt war: denn gerade in den siebziger Jahren, einer Hoch-Zeit der »Entspannung«, überschlug sich die Sowjetunion in ihrem Bemühen, den Westen erpreßbar zu machen, von seinen Rohstoffquellen abzuschneiden, ihr Imperium auszudehnen.

Nicht einmal von Entspannung in Europa ließ sich mit Realismus reden. Denn zwar verzichtete Moskau auf Expansion im mittleren Teil des Kontinents; doch das war nichts Neues; hier wurde die Demarkationslinie zwischen Ost und West spätestens seit 1949 respektiert. 1955 gab die Sowjetunion ihre eingeschränkte Herrschaft über das östliche Österreich auf; dafür erlangte sie jedoch, daß sich das ganze Österreich als neutraler Staat wie ein langer, sperriger Keil zwischen das mitteleuropäische und das südeuropäische Gebiet der Nato schob. An einer Flanke, in Portugal, suchte sie sich zwei Jahrzehnte später festzusetzen. Und ihre bereits in der ersten Hälfte der siebziger Jahre eingeleitete Aufrüstung mit Mittelstreckenraketen, die militärische Machtentfaltung im Nordmeer und die etwas vorsichtiger betriebene im Mittelmeer erhöhten den Druck auf den ganzen westlichen Teil des Kontinents.

Wenn die »Entspannung« aber nicht Minderung des Machtkampfes zwischen Ost und West war, was bedeutete sie dann? Es kam zu einigen Abreden über Rüstungsbegrenzung – Salt I ist davon die wichtigste. Für die neuralgischste Stelle in Europa, Deutschland und darin besonders Berlin, erreichte man einige begrenzte, provisorische Regelungen; der Personenverkehr und der Handel zwischen Ost und West nahmen zu; für einen Teil der Osteuropäer wurde die Ostblockgrenze durchlässiger. Von alledem hatten die westlichen Völker einigen Nutzen und etwas mehr die östlichen. Doch es ist eine Legende, daß den mit der Sowjetunion zwangsverbündeten Nationen Osteuropas die »Entspannung« Möglichkeiten und Mut gegeben habe, gegen ihre ungeliebten Herren aufzubegehren. Voraussetzung für Erhebungen im sowjetischen Lager war die Aufweichung der eisernen stalinistischen Herrschaftsstruktur. Danach rebellierten die Osteuropäer, wie die Lage ihres Landes und in ihrem Land es ihnen jeweils geboten oder ratsam erscheinen ließ. Der ungarische Aufstand fiel in die Vorbereitungsperiode dessen, was »Entspannung« genannt wurde; der Prager Frühling in deren mittlere Phase; aber die unabhängige Gewerkschaft in Polen entstand, als von der »Entspannung« nicht einmal mehr der Schein übrig war: die Rote Armee hatte Afghanistan

besetzt, Amerika sich geweigert, das Salt-II-Abkommen zu ratifizieren.
Von der Politik der begrenzten Vereinbarungen zwischen Ost und West hatte auch die Sowjetmacht Vorteile; schließlich hat sie für jede Leistung eine gleichwertige und einige Male sogar eine höhere Gegenleistung bekommen. Dennoch gibt es keinen grundsätzlichen Einwand dagegen, diese Politik weiterzuführen – freilich mit größerer Aufmerksamkeit dafür, wie hoch der im Einzelfall zu zahlende Preis sein solle. Nur darf der Westen, dürfen westliche Regierungen nicht, um die sowjetische Bereitschaft zum Mittun auf einem Feld zu erlangen, der Sowjetunion lebenswichtige westliche Interessen auf anderen Feldern opfern. Und von Vereinbarungen der Sowjetunion mit Europa gar, die Moskau das Ausgreifen in anderen Weltregionen erleichtern, müssen sie sich zurückhalten.
»Entspannung« war ein schlechtes Wort: es beschrieb die Lage falsch; es schläferte mit seinem suggestiven Bedeutungsklang den Sinn dafür ein, daß der Ost-West-Konflikt nie aufgehört, daß er auch nie an Erbarmungslosigkeit und Bedrohlichkeit eingebüßt hat; und es minderte die Fähigkeit und Bereitschaft der westlichen Völker wie ihrer Regierungen, diesen Konflikt durchzustehen: mit Wachheit, Anspannung und Opfern. Ein Wort, das richtig und einprägsam das Verhältnis zwischen Ost und West beschreibt und auch, was dieses Verhältnis von den westlichen Völkern fordert, wäre noch zu finden.

III.
Von Stalin zu Gorbatschow
Das Sowjetreich und seine Führer

Ganz unterschiedliche Charaktere waren die Männer, welche die Sowjetunion seit der Gründung führten, und ganz unterschiedliche Spuren haben sie in der Geschichte hinterlassen. Lenin begründete den kommunistischen totalitären Staat und führte ihn mit Brutalität, aber auch mit listiger Geschmeidigkeit durch die schwierigen ersten Jahre. Stalin richtete den Terror als permanentes Herrschaftsmittel ein und verschob die Westgrenze des Reiches bis zur Elbe. Chruschtschow verdammte Stalin, milderte die Unterdrückung und setzte die obrigkeitlichen Apparaturen in eine zuweilen chaotische Bewegung. Unter Breschnew erstarrte die Sowjetunion innen und überholte Amerika im Rüstungswettlauf. Andropow und Tschernenko waren nur Zwischenspiele. Gorbatschow treibt ein brennender Ehrgeiz, seinem Land eine moderne Ökonomie zu schaffen. Unterschiede genug also. Doch in sechs Jahrzehnten sind die Grundtatsachen des Sowjetstaates gleichgeblieben: Machtmonopol der Parteiführung (meist des Politbüros), Staatsideologie, Unterdrückung jeden Widerspruchs, geschlossene Grenze, Welteroberungs-Streben, dürftige materielle Lebensverhältnisse. Wird Gorbatschow daran viel ändern – oder wird die Sowjetunion im Jahr Zweitausend im wesentlichen so sein wie heute?

Wenn der Kreml feiert
23.12.1972

Kann den sowjetischen Führern, die soeben das fünfzigjährige Bestehen ihres Staates gefeiert haben, so recht zum Feiern zumute sein – angesichts der vielen ernsten Schwierigkeiten, mit denen sie gerade in diesen Monaten zu kämpfen haben? Wer die Frage stellt, muß sich hüten, über kurzatmiger Tagesaktualität ein entscheidendes Stück der Wirklichkeit unseres Jahrhunderts aus dem Auge zu verlieren. Breschnew und Kossygin, Podgorny und Suslow haben schon Grund, stolz und festlich gestimmt zu sein. Ihr Staat ist unter den beiden Weltmächten von Jahr zu Jahr immer weniger zweiter. Er hat sein Territorium arrondiert und in Europa eine breite Schutzzone davorgelegt. In keiner Armee der Welt potenzieren sich so sehr wie in der sowjetischen große Menschenzahl, Disziplin und technische Kraft. In allen Kontinenten besitzt die Sowjetunion Verbündete, kein Land verweigert ihr den Respekt, und mehrere zittern vor ihr. Im Weltraum war sie vor Amerika.

Und dieser Staat liegt heute in den Händen einer Führung, in der es keine Debatten darüber gibt, wer der erste Mann ist und was der zweite und dritte dürfen. Die Obrigkeit, unterteilt in Partei und Staat, läßt kein Machtvakuum.

Das alles ist nicht Fassade, sondern Wirklichkeit. Freilich nur die erste Schicht. Dahinter kann jeder die schwachen Stellen sehen. Die im System begründeten und darum beständigen wirtschaftlichen Nöte der Sowjetunion liegen der ganzen Welt offen vor Augen. Am deutlichsten tritt die chronische Unzulänglichkeit der Landwirtschaft zutage. Von diesem Thema lenkt der Getreidemangel in diesem Jahr, dessen Folgen die Moskauer Führung zu dra-

matischen Schritten zwingen, eher ab: er wird einer Mißernte zugeschrieben, und die kann jedem Land passieren. Aber auch in Jahren, die eine nach dem eigenen Urteil der sowjetischen Führung normale Ernte bringen, bleibt die sowjetische Landwirtschaft weit unter den Ergebnissen, die in Westeuropa oder Amerika als selbstverständlich gelten. Es ist, als wollten sich die Bauern dafür rächen, daß der Sowjetstaat jahrzehntelang das Kapital aus ihnen herauspreßte, mit dem er die Industrie aufbaute.
Eine Industrie allerdings, die ihrerseits weit hinter der vergleichbarer westlicher Länder herhinkt, die es der Sowjetunion bis heute verwehrt, sich mehr als in symbolischem Ausmaß am Welthandel zu beteiligen, und die es nicht fertigbringt, die Sowjetbürger mit den notwendigen Konsumgütern zu versorgen. Deren Quantität reicht nicht aus, und noch weniger die Qualität. Ein archaisch anmutender Binnenhandel schließlich leitet die Warenströme an den Bürgern vorbei.
Indessen, auch mit einer solchen Ökonomie kann der Sowjetstaat, sofern er sich nur halbwegs nach außen abschließt, lange ungefährdet leben – die Masse seiner Bevölkerung weiß kaum, daß es in der Welt Besseres gibt. Viel größere Sorgen machen Breschnew die beginnenden Frostaufbrüche in der Zementdecke der sowjetischen Herrschaftsordnung. Sie sind nicht von außen bewirkt, sind vielmehr so sehr authentisches Produkt sowjetischer Verhältnisse, daß nicht einmal die – übrigens gar nicht mehr mögliche – hermetische Abschnürung des Landes vom Westen ihnen ein Ende setzen könnte. Die protestierenden Moskauer Intellektuellen setzen eine Tradition aus der Zarenzeit fort. Mit ihren Vorgängern haben sie einen uns Westeuropäern kaum noch begreiflichen Mut zur Selbstaufopferung gemein. Das vor allem ist es, was den sowjetischen Führern Solschenizyn so lästig macht.

Gefahr aber droht ihnen eher von einer anderen Seite: von den zusehends unruhiger werdenden Nationalitäten. Das Nationalitätenproblem sei in der Sowjetunion endgültig gelöst, hat der sowjetische Parteichef bei der Staatsfeier im Kreml gesagt. Er erlag damit der psychologisch leicht erklärbaren Versuchung, die größte Schwäche als größte Stärke auszugeben. Die kleineren Völker der Sowjetunion, von den europäischen Litauern, Esten und Ukrainern bis zu den asiatischen Usbeken und Tadschiken werden sich zunehmend ihrer nationalen Persönlichkeit und damit auch dessen bewußt, daß die Sowjetunion weniger eine Föderation gleichberechtigter Völker als ein zentralistisch geführtes Reich mit großrussischem Überhang ist.
Gewiß, die Sowjetmacht hat auch ihren asiatischen Völkern Fabriken, Schulen und Buchverlage gegeben. Aber gerade das spornt diese Völker nun an, gegen die politische Vorherrschaft der größten Nation, der russischen, anzugehen. Es könnte sein, daß von diesen Bruchstellen eines fernen Tages die Veränderung der Sowjetunion ausgeht – daß die nationalen Ansprüche liberalen und demokratischen Forderungen ihre Vitalität leihen, sich mit ihnen verbinden und so die Kruste aufsprengen, unter der die Obrigkeit heute noch ihre Machtidylle lebt.
Diese innere Perspektive hat ihr Muster im osteuropäischen Vorfeld der Sowjetunion. Außer Bulgarien gibt es dort kein Land, das nicht schon einmal versucht hätte, sich dem sowjetischen Griff zu entziehen. Zur Stunde ist im »Lager« alles ruhig – wie lange? Der Entwurf einer sozialistischen Völkerfamilie, schon im eigenen sowjetischen Hof nur vordergründig gelungen – im Vorhof konnte er Leben nicht gewinnen. Moskaus Konflikt mit Peking aber, den Breschnew auf jener Feier im Kreml als seine schwerste Sorge bekannte, drückt dem Konzept den Stempel »gescheitert« auf.

Unter Breschnew und danach
25. Januar 1978

Breschnew scheint wieder ernstlich krank zu sein. Sollte er sich diesmal nicht erholen, würde wahrscheinlich auch seine erstaunliche Willenskraft den Einundsiebzigjährigen nicht mehr lange in seinen Ämtern halten können. Was käme dann?

Die Frage wird im Westen oft zugespitzt auf die Alternative: kollektive Führung oder Ein-Mann-Herrschaft. Aber da sind falsche Vorstellungen im Spiel. Eine kollektive Führung in dem Sinn, daß mehrere als ein Kollegium von wahrhaft Gleichberechtigten führen, hat es in der Sowjetunion nie gegeben. Lenin übte, getrieben von Sendungsbewußtsein und Ehrgeiz, die höchste Macht aus eigenem Willen aus. Dem kränkelnden Lenin entwand der raffinierte Stalin die Macht. Über seinen orientalischen Despotismus braucht man kein Wort zu verlieren.

Nach dem Tode des Despoten, 1953, schien die Zeit einer an der Spitze geteilten Sowjetmacht anzubrechen: Parteichef Chruschtschow, Regierungschef Malenkow und Geheimpolizeichef Berija erschienen wie ein Triumvirat. Doch schon im Juni 1953 wurde Berija verhaftet. Malenkow stürzte 1955. Nun trat der Ministerpräsident Bulganin als Chruschtschows Teilhaber auf. Aber dieses Zwischenspiel endete 1958. Fortan hatte Chruschtschow keinen Konkurrenten mehr.

Aus denen, die ihn 1964 stürzten, schälte sich eine neue Dreierführung heraus; Breschnew, Parteichef; Kossygin, Haupt der Regierung; Podgorny, der später den Posten des Staatsoberhauptes übernahm. Doch wiederum wurde es nichts mit der Gleichheit. Breschnew beanspruchte rasch den ersten Platz. Kossygin mußte sich allmählich mit

dem zweiten abfinden, den er inzwischen wohl auch nicht mehr hat; Podgorny verschwand im letzten Sommer aus der Politik. Eine kollektive Führung gedieh bisher nicht, und sie wird wohl auch nach der Ära Breschnew nicht gedeihen. Die Erklärung liegt im Allgemein-Menschlichen wie auch im Speziell-Kommunistischen. Niemand auf der Welt teilt die Macht, wenn nicht eine Institutionenordnung ihn dazu zwingt. Der Sowjetstaat aber beruht im Gegenteil auf dem Prinzip des Machtmonopols. Der Monopolist, das ist die Partei. Damit ist der Vorrang des Parteichefs festgelegt; Regierungschef, Staatsoberhaupt, Armee-Oberbefehlshaber oder wer immer – sie kommen danach. Jeder Versuch, Kollegial-Führung einzusetzen, würde voraussetzen, daß das Amt des Generalsekretärs abgeschafft und durch eine kollegiale Parteispitze ersetzt wird. Das aber riecht der sowjetischen Partei schon nach Revisionismus.
Erster Mann – das heißt nicht absoluter Alleinherrscher. Schon Chruschtschow mußte sich immer aufs neue mit allen möglichen Mächtigen arrangieren, bis er fest im Sattel saß. 1957 überspielte er nur mit der Hilfe des Militärs den Sturz im Politbüro. Dessen Gewicht hat in der Ära Breschnew noch zugenommen. Der heutige sowjetische Parteichef braucht für alle wichtigen Entscheidungen die Mehrheit des aus vierzehn Vollmitgliedern bestehenden höchsten Führungsgremiums; jedenfalls muß er dort eine Mehrheit gegen sich verhindern. Kein Gedanke daran, daß Breschnews Nachfolger diese Bedingtheit seiner Macht abschütteln könnte. Auch er wird der Erste sein, aber auf die Zweiten achten müssen.
Vielleicht gibt es, wenn Breschnew die Politik verläßt, sogar eine Serie von Personalveränderungen in der Führung. Aber jähe Kurswechsel darf man nicht erwarten, allenfalls Schwerpunktverlagerungen. Der Bauernsohn Chruscht-

schow hatte eine – ziemlich unglückliche – Liebe zur Landwirtschaft. Breschnew hat den überlieferten Vorrang der Industrie wieder festgezurrt. Mag sein, daß der Nachfolger hier die Rangordnung etwas verändert. Es kann auch sein, daß die Polizei in Zukunft Sacharow härter anfaßt oder ausweist, daß die Industrie etwas mehr Konsumgüter und etwas weniger Maschinen herstellt, daß Husak und Honecker mehr Tadel bekommen, daß Moskau deutlichere Worte zur Politik von Berlinguer und Marchais findet. Alles das – wie auch das Umgekehrte – ist möglich, und jedes davon wäre beachtenswert.

Aber keine von den Grundmauern der sowjetischen Politik wird stürzen: nicht die erzwungene Sprachlosigkeit des Volkes, nicht die unkontrollierte Herrschaft der Bürokratien, nicht das System der politischen Desinformation, auch nicht das argwöhnische Regiment über den osteuropäischen Vorhof, wahrscheinlich auch nicht das kalkulierte imperialistische Abenteuer in Afrika und nicht einmal die hektische Aufrüstung. Bleiben wird das Bekenntnis zu einer »Entspannungspolitik«, die seltsamerweise alles das voraussetzt.

Anzeichen für einen nahen Personenwechsel im Kreml beflügeln bei uns das vergleichende Denken und Wünschen. Wer war besser, Breschnew oder Chruschtschow? Wer mag besser sein als Breschnew? Das gibt eine vertrackte Rechnerei. Chruschtschow ist nach Ungarn, Breschnew in die Tschechoslowakei einmarschiert. Chruschtschow trieb sein Kuba-Abenteuer bis an den Rand des Weltkrieges. Breschnew bereitet vielleicht die Raketenüberraschung für Amerika lieber auf heimischem Boden vor. Chruschtschow entstalinisierte und hörte dann damit auf. Breschnew schien zu restalinisieren, aber das waren mehr Worte als Taten. Breschnew sperrt Dissidenten ein, mehr, als Chruschtschow es tat; doch andere läßt er ausreisen, und in seiner Zeit durften auch Zehntausende Juden das Land verlassen. Da kommt kein klares Ergebnis heraus. Die Sowjetunion bewegt sich, aber langsam und in wechselnder Richtung. Ersparen wir uns darum heftige Hoffnungen und Befürchtungen im Blick auf den Mann nach Breschnew – wer immer das sein mag.

Ein schöner Partner
2. Januar 1980

Mit unseren Feiertagen Weihnachten und Neujahr ist zugleich ein Jubiläum aus einer anderen Welt vorübergegangen: der hundertste Geburtstag Stalins am 21. Dezember. Für uns wahrlich kein Anlaß zum Feiern, höchstens einer zum Nachdenken. Und selbst da läßt sich noch einwenden, daß es uns gleichgültig sein kann, wie viele Dezennien seit der Geburt des Sowjetherrschers verstrichen sind, daß mehr interessiere, wie viele Jahre seit seinem Tod ins Land gingen: bald 27 – und noch immer ist der Sowjetkommunismus tief in die Erbschaft dieser Person verstrickt. Nicht einmal den historischen Tatsachen mag die Sowjetmacht ins Auge sehen: im Angesicht der breiten Blutspur, die Stalin durch unser Jahrhundert gezogen hat, schreibt die Moskauer »Prawda«, Stalin habe an seine Unfehlbarkeit geglaubt und ernste Verletzungen der sowjetischen Gesetze begangen. Im Ergebnis hätten viele hervorragende Staatsmänner, Feldherren, ehrliche Kommunisten und parteilose Sowjetmenschen gelitten.
Ein Mensch vom Mars, der das liest, könnte denken, da sei ein großer Staatsmann unbescheiden geworden und habe

dann verdienten Leuten ihre hohen Posten, anderen ihre Jagdschlösser und manchen sogar die Orden genommen, worunter die Betroffenen begreiflicherweise gelitten hätten. Nicht einmal eine Andeutung auch nur von der Möglichkeit tödlichen Ausgangs. Statt dessen reibt sich die »Prawda« an Feinden des Sozialismus im Westen, welche die Kritik an Stalin »für die übelste Hetze« mißbraucht hätten. Hetze? Sind nicht unter Stalin viele Millionen grausam umgebracht worden?

Der Sowjetkommunismus kommt nicht los von der Rechtfertigung und Verharmlosung Stalins, und das ist ganz natürlich. Nicht so sehr, weil viele seiner heutigen Repräsentanten dem Despoten gefügig oder sogar begeistert dienten – darüber ließe sich mit einem Umschreiben der Lebensläufe hinwegkommen. Der Moskauer Kommunismus fühlt sich vielmehr deshalb zur Verteidigung Stalins verpflichtet, weil dessen Sturz vom historischen Podest Lenin mit in den Abgrund reißen würde. Der Stalinismus war die natürliche Steigerung des Leninismus, und von dessen Bewahrung wiederum hängt alle kommunistische Macht ab.

Dieser untrennbare Zusammenhang prägt das tägliche Leben der Osteuropäer mit. Zwar ist die Stalinsche Schreckensherrschaft vorbei, und kaum jemand in Osteuropa traut den gegenwärtigen Moskauer Führern auch nur den Wunsch zu, sie wieder einzuführen. Aber deren innere und äußere Unfähigkeit, sich vom Stalinismus loszusagen – was voraussetzte, über seine Massenverbrechen offen zu reden –, versperrt den Untertanen des heutigen Sowjetregimes alle Wege zu mehr Freiheit und Recht. Nicht einmal der vom Politbüro wie eine Erlösung herbeigesehnte ökonomische Erfolg läßt sich so erreichen.

Hat die fortdauernde Verkettung des Sowjetismus mit dem Stalinismus auch für uns etwas zu bedeuten? Die sowjetische Innen- und die Außenpolitik – das sei zweierlei, sagen viele westliche Politiker; gerade eine auf Ideologie gegründete Diktatur könne sich Ruhe an der Außenfront wünschen. Habe denn nicht auch Stalin militärische Abenteuer gescheut? Seltsames Wunschdenken: die Geschichte spricht ebenso dagegen wie die betrübliche Erfahrung dieser Monate.

Staaten haben eine Neigung, sich zu anderen Staaten vergleichbar zu verhalten wie gegenüber ihren Bürgern. Eine totalitäre Diktatur ist ihrer demokratischen Nachbarschaft schon deshalb permanent gefährlich, weil sie ohne Rücksicht auf den Willen ihrer Untertanen und heimlich zum Schlag nach draußen ausholen kann; bei ihr entfallen zwei gewalthemmende Bremsen: Demokratie und Öffentlichkeit. Stalin hielt seine imperialistische Hand nur zurück, wenn er keine Erfolgschance sah. Fühlte er sich überlegen, griff er zu, zum Beispiel auf Finnland und Polen.

Auf der von ihm skizzierten Linie dringt die heutige Moskauer Führung weiter vor: militärische Interventionen der Sowjetunion oder ihrer Hilfskräfte in Angola und Moçambique, in Kambodscha und Laos, in Äthiopien und Afghanistan; wie wird es weitergehen? Die Version, das Sowjetimperium sei heute ganz mit sich selber beschäftigt, vor allem mit seinem wirtschaftlichen Rückstand, gehört zu dem unerschöpflichen Vorrat an chamberlainhaftem Selbstbetrug.

Von solchen Illusionen muß sich der Westen rasch befreien, wenn er nicht zum Objekt sowjetischer machtpolitischer Erpressung herunterkommen will. So etwa von der kirchturmspolitischen Weisheit, der selbst ansonsten realistische deutsche Politiker bisher anhingen, die »Entspannung« sei geographisch teilbar, das heißt: Bonn könne sich weiter behaglich auf dem mit Moskau verabredeten Status quo räkeln, während dieses die Welt drumherum Stück für

Stück seinem Imperium einverleibt. Ein neues, der Wirklichkeit näheres Denken ist gefordert; die notwendigen Entschlüsse werden sich daraus von selber ergeben. Aufgeregtheit und Kraftausdrücke braucht man dazu nicht. Die Bundesregierung tut recht daran, gegenüber Moskau bei einer ruhigen Sprache zu bleiben. Doch es wäre sicher nützlich für sie selber, wenn sie für die Sowjetunion angemessenere Bezeichnungen fände als etwa »Partner im Sicherheitsdialog«. Verkehrte Worte behindern richtiges Denken.

Was wird anders bei Andropow?
2. Dezember 1982

Nach dem Tode Breschnews bestimmt das sowjetische Zentralkomitee am 12. November 1982 Andropow zum Generalsekretär.

Manches an Jurij Wladimirowitsch Andropow könnte denken lassen, der neue sowjetische Parteichef werde Bewegung in die sowjetische Politik bringen. Ist er nicht sprachenkundig, belesen, gebildet; gilt er nicht als Intellektueller, und sieht er nicht auch so aus? Die anderthalb Jahrzehnte an der Spitze des sowjetischen Geheimdienstes KGB – hat nicht die umfassende Kenntnis, die er sich dort erwarb, ihn geradezu darauf gestoßen, daß im Sowjetreich vieles verändert werden müsse?
Wer der Version anhängt, in der Ära Andropow werde der Wind der Veränderung wehen, der kann sich auf den alten Erfahrungssatz berufen, daß ein neuer Mann an der Spitze der Sowjetunion stets auch eine neue Politik bedeutet. Der Einschnitt von Lenin zu Stalin, auch der von Stalin zu

Chruschtschow war tief. Keinen grundlegenden Wandel, aber vielfache Änderung der Methoden brachte der Wechsel von Chruschtschow zu Breschnew. Indessen, der Sturz Chruschtschows und die Berufung Breschnews im Herbst 1964 markieren auch eine Veränderung, welche die Schwingungsbreite des politischen Wandels beim Wechsel von einem Parteichef zum nächsten eng hält. Chruschtschow stürzte vor allem deshalb, weil das Politbüro es nicht länger hinnehmen wollte, daß er mit dem Inhalt vieler Entscheidungen und mit seinem Führungsstil sich außerhalb des Kollektivs stellte.

Viel ist darüber spekuliert worden, wie weit sich Breschnew dem Prinzip der kollektiven Führung unterworfen habe. Dabei hat man oft auf das Schicksal der Troika hingewiesen. Eine ganze Reihe von Jahren schien es, als sei Breschnew an Kossygin und Podgorny gebunden, als könne er wichtige Entscheidungen nur im Einvernehmen mit diesen beiden treffen. Wenn das je stimmte, dann hat es nicht lange gehalten. Doch mit dem Zerfall der Troika wurde Breschnew nicht zum Alleinherrscher. Er fand sich nun, wohl mehr als in seiner ersten Zeit, eingebunden ins ganze Kollektiv. Das Politbüro hatte seinen Willen schließlich doch durchgesetzt. Dieser Zustand verfestigte sich dann mit dem Fortschreiten von Alter und Krankheit Breschnews.

Nichts spricht dafür, daß das Politbüro seinen Erfolg beim Übergang von Breschnew zu Andropow wieder hätte weggeben wollen. Man muß vielmehr annehmen, daß der neue Parteichef zwar mehr ist als ein Erster unter Gleichen, daß er aber die Richtlinien seiner Innen- wie Außenpolitik nicht gegen den Willen des Politbüros bestimmen kann. Wenn aber Andropow solchermaßen ins oberste Entscheidungskollektiv eingefügt ist, dann weist wenig darauf hin, daß es zu ruckartigen Änderungen der sowjeti-

schen Politik komme. Denn das Politbüro sieht auf Kontinuität, weil sie sein Bedürfnis nach Selbstrechtfertigung erfüllen kann.
Doch nicht nur das Prinzip der kollektiven Führung würde Andropow beim Verändern Schranken setzen – sofern man ihn überhaupt als Neuerer sehen will, wogegen sich aus seiner Biographie Gründe herleiten lassen. Der erste Mann der Sowjetunion ist nicht nur ins Politbüro eingebunden, sondern auch, zusammen mit diesem, an die Gegebenheiten des Sowjetsystems, an dessen vielfältige Zwänge und Unfähigkeiten festgebunden. Hier kommt die Starrheit der sowjetleninistischen Machtordnung zum hinderlichen Ausdruck. Sie verwehrt es den sowjetischen Führern, von ihrer eigentlich unbegrenzten Macht über das Volk frei Gebrauch zu machen. Sie möchten mancherlei tun; aber vieles müssen sie unterlassen, weil das System an unzähligen Punkten daran hängt, daß sich nichts ändert.
Darum ist der Bewegungsraum für Andropow in der Wirtschaftspolitik, zum Beispiel, eng. Er ist sich über den schlechten Zustand der Sowjetökonomie im klaren. Das Heilmittel hieße: Dezentralisierung plus Leistungsprinzip. Beides zusammen aber bedeutet in erster Konsequenz, daß die Moskauer Zentrale Macht einbüßte, und in letzter Konsequenz, daß den Bürgern der Sowjetunion Freiheit zuwüchse, zuerst ökonomische, dann auch politische.
Da das Politbüro diese Folgen nicht in Kauf nehmen will, bleiben ihm nur größere zentralgelenkte Investitionen an besonders heiklen Stellen des Wirtschaftsorganismus, also etwa in der Landwirtschaft. Aber woher das Geld nehmen – da doch die Sowjetunion sich für eine Politik der raschen Hochrüstung entschieden hat, die sich nicht in kurzer Frist umkehren läßt, schon weil das Militär, dessen Interessen im Politbüro repräsentiert sind, dagegen wäre.

Spätestens am Militär mag auch ein beweglicherer Kurs gegenüber den Verbündeten im Ostblock scheitern, sofern Andropow überhaupt an dergleichen denken sollte. Die Armeeführung betrachtet Ost- Mitteleuropa als strategisches Vorfeld, auf dem schon Unsicherheit und Unruhe genug herrsche. Am ehesten könnte man sich noch vorstellen, daß Andropow die Sowjetunion aus dem verlustreichen afghanischen Abenteuer herauszöge. Aber da stünde wiederum ein Hindernis im Weg. Die Sowjetunion müßte zum ersten Mal eine Okkupation als mißlungen abbrechen. Das wäre nicht nur für die Militärs eine Demütigung, und es könnte politische Folgen im sowjetischen Lager haben.
Nicht alles wird unter Andropow so bleiben oder so weitergehen wie unter Breschnew. Doch Wandel, wo er kommt, wird langsam vonstatten gehen, und er wird dann weniger aus Entschlüssen Andropows herrühren als aus der Willensbildung im Politbüro. Andropow ist nicht ein neuer Chruschtschow, und auch die Zeiten in Moskau sind nicht so.

Und nach Andropow?
12. Juli 1983

Als Anfang Juni der finnische Staatspräsident Koivisto in Moskau war, mußte der sowjetische Parteichef Andropow beim Gehen gestützt werden wie einst Breschnew. Bundeskanzler Kohl konnte einen Monat später den höchsten Politiker der Sowjetunion erst am zweiten Tag seines Moskauer Aufenthalts sehen – Andropow war krank. Das läßt

Voraussagen über Veränderungen an der Spitze der Sowjetunion sprießen. Sowjetforscher prophezeiten, die Amtszeit Andropows werde spätestens im nächsten Jahr zu Ende gehen.

Wenig spricht dafür, daß der Nachfolger aus dem engsten Kreis um Andropow kommen werde, der aus Politikern über siebzig besteht. Zweimal in kurzem Abstand hat das Moskauer Politbüro die Erfahrung mit einem alten, kränkelnden Parteichef gemacht; vor dem dritten Mal müßte es zurückscheuen. So wendet sich der suchende Blick auf jüngere Parteiführer – auf Romanow aus Leningrad, der seit kurzem nicht nur dem Politbüro angehört, sondern auch einer der Sekretäre des Zentralkomitees ist und die Oberaufsicht über die Industrie hat; auf Alijew aus Aserbeidschan, den Andropow vom Kandidaten zum Mitglied des Politbüros sowie zu einem der Ersten Stellvertreter des Ministerpräsidenten aufrücken ließ und der sich gleichfalls um die Ökonomie kümmert; auf Gorbatschow, der wie Romanow im Politbüro und im Sekretariat sitzt und dem die Landwirtschaft anvertraut ist.

Indessen, wer auf einen baldigen Wechsel auf dem Platz des sowjetischen Parteichefs wartet, der könnte viel Geduld nötig haben. Man erinnere sich nur, wie viele Jahre der kranke Breschnew an der Spitze blieb. Andropow mag geringere physische Reserven als Breschnew besitzen, doch zeigt er einen starken Willen und hohe Selbstdisziplin. Es ist also nicht ausgemacht, daß der heutige sowjetische Parteichef nicht mehr lange auf seinem Platz sein werde.

Doch selbst wenn er ihn wegen schwacher Gesundheit bald verlassen müßte, wäre damit nicht ein jäher Umschwung in der sowjetischen Politik zu erwarten. In Moskau herrscht heutzutage der Generalsekretär der Partei nicht allein. Er spricht zwar das gewichtigste Wort, doch kann er nicht am Politbüro vorbeiregieren. Für alle wichtigeren Entscheidungen braucht er den Konsens im engsten Führungskreis, zu dem heute gehören: Tschernenko, der inoffizielle zweite Mann und Beauftragte für die Ideologie; sodann Tichonow, der Ministerpräsident; Ustinow, der oberste Soldat; und Gromyko, der Chef der Diplomatie. Vor Schritten, die als ungewöhnlich riskant gelten, wird sogar im gesamten Politbüro (unter den Mitgliedern) abgestimmt – so war es vor dem Einmarsch in die Tschechoslowakei.

Diese Einbindung des Generalsekretärs in den Organismus des Politbüros verhindert, daß der Wechsel zu einem neuen Parteichef zugleich abrupten Wechsel der Politik bedeutet. Wenn Andropow ginge, bliebe das Politbüro. Dessen innerster Kreis besteht zwar aus alten Männern, die nicht mehr auf unabsehbare Zeit auf ihren Plätzen bleiben können – der Generationswechsel in dieser Gruppe ist unumgänglich. Aber das Politbüro wird ihn wahrscheinlich nicht zeitlich in eines fallen lassen mit dem Wechsel auf dem Platz des Parteichefs. Man wird in Moskau nicht zugleich einen neuen Generalsekretär, einen neuen Bewahrer der Ideologie, einen neuen Ministerpräsidenten (und Verantwortlichen für die gesamte Wirtschaftsadministration), einen neuen Verteidigungsminister und einen neuen Außenminister einsetzen wollen – das würde die Sowjetunion lähmen. Vielmehr wird das Politbüro versuchen, den Führungskreis langsam zu verjüngen, so, daß bis zum Ende des Prozesses jeder Neuberufene neben alten Lehrmeistern arbeitet. Das schließt ruckartige Wendungen der Politik aus.

Aber spricht denn überhaupt etwas dafür, daß neue, jüngere Parteiführer in Moskau viel verändern werden? Die sowjetische Außenpolitik ist auf Fortfahren, auf Wirkenlassen schon geschaffener Tatsachen, auf Abwarten angelegt, und daran werden neue Führer anknüpfen müssen. Zum Beispiel: In der Raketenrüstung ist Moskau weit vorausgeeilt. Auch wenn die westliche Nachrüstung zustande kommt, kann die Sowjetunion in Ruhe abwarten, ob ernsthafte Verhandlungen später für sie lohnender sein werden als heute. In Afghanistan sieht Moskau die Zeit für sich arbeiten. Den polnischen Brandherd vermag die Sowjetunion, wie sie weiß, vorerst nicht auszutreten; also läßt sie ihn glimmen in der Hoffnung, die Glut werde allmählich erlöschen.

Doch schreit nicht der Zustand der sowjetischen Wirtschaft nach tiefgreifenden Reformen? Es ist sicher, daß die ökonomische Rückständigkeit ihres Landes alle Sowjetführer seit Stalin bedrückt; indessen wollte noch keiner von ihnen einen zu produktiverer Wirtschaft führenden Weg gehen. Andropow, der unter der ökonomischen Ineffizienz noch mehr leidet als sein Vorgänger, hatte bisher zur Remedur nicht mehr aufzubieten als eine Kampagne gegen Disziplinlosigkeit und Verschwendung; sie wird ebenso versanden wie ihre zahllosen Vorläufer. Die Sowjetführer fürchten, eine ernsthafte Wirtschaftsreform würde eine breite Schicht von Managern entstehen lassen, die ihre Legitimation nicht mehr bei der Parteibürokratie, sondern auf dem Markt und vielleicht auch bei den Belegschaften suchen; und sie werde die Untertanen in Bürger verwandeln, die ihre Lebensentscheidungen selber treffen wollen. Das wäre der Anfang vom Ende des Machtmonopols der Führung – ein zu hoher Preis in den Augen von Andropow und Tichonow, von Ustinow und Gromyko. Warum sollten ihre Nachfolger darüber anders denken?

Beim alten geblieben
14. Februar 1984

In so weit vorgerücktem Alter wie Konstantin Tschernenko, mit 72 Jahren, ist noch niemand sowjetischer Parteichef geworden. Andropow war gewiß ein alter Mann, als ihn das Politbüro zum Nachfolger Breschnews wählte, doch immerhin ging er erst auf die Siebzig zu. Als die sowjetischen Führer berieten, wer von ihnen der neue Parteichef sein solle, stand ihnen die frische Erfahrung mit zwei alten und kranken Generalsekretären vor Augen: Zweimal in nur anderthalb Jahren war der Sowjetstaat an der Spitze gelähmt.

Aber das hat die sowjetischen Führer nicht zu einem Generationswechsel im ersten Amt bestimmt. Offenbar sahen die Alten, die im Politbüro die Mehrheit sind, das höchste Amt nur bei einem von ihnen in guten Händen, bei einem Mann, der nicht mehr gern neue Gesichter um sich hat und von dem sie deshalb nicht befürchten müssen, er werde sie von ihren Sesseln stoßen. Die Jüngeren im Politbüro aber mochten denken, die Amtszeit eines Zweiundsiebzigjährigen und damit ihre Wartezeit werde sicherlich bemessen sein.

Bei jedem Wechsel an der Spitze des Sowjetreichs fragt der Westen erwartungsvoll, ob es nun Aussicht auf Veränderung zum Besseren gebe: ob die Sowjetunion einem rationalen Ausgleich der Sicherheitsinteressen mit der nichtkommunistischen Welt geneigter sein, ob sie ihr imperialistisches Überengagement zurücknehmen und damit die Brandgefahr in der Welt vermindern werde; schließlich auch, ob sie die damit entbundenen Mittel und Energien an innere Reformen wenden werde, die dem Volk ein leichteres Leben gewährten. Es ist der Traum von einer

besseren Sowjetunion, der da die Gedanken suchen läßt. Bisher ist die Hoffnung jedesmal enttäuscht worden. Chruschtschow begann die Entstalinisierung und verkündete die friedliche Koexistenz mit dem Westen. Aber die innere Reform drang nicht einmal in den Vorhof der Machtstruktur vor, die den Stalinismus erzeugt hatte, und der Kern der neuen Außenpolitik wurde sichtbar im kubanischen Raketen-Abenteuer.
Breschnew schob die ohnehin festgefahrene Entstalinisierung ein Stück zurück; er führte die Sowjetunion in eine fieberhafte Hochrüstung und annektierte Afghanistan. Nach den fünfzehn Monaten Andropows, in denen eine neue Politik nicht zum Vorschein kam, übernimmt das höchste Amt Tschernenko, der durch Jahrzehnte Breschnew als treuer, unauffälliger Gehilfe zur Seite stand. Wer möchte von ihm, der nun im vorgerückten Alter steht, eine neue Politik erwarten?
Doch nehmen wir einmal an, Tschernenko werde an seine neuen Aufgaben mit der Lust zum Verändern herangehen, die hin und wieder über alte Politiker kommt. Wieviel Bewegungsfreiheit fände er vor? Jeder sowjetische Parteichef ist eingefügt ins Politbüro, das ihm die Grenzen zieht. Im Politbüro jedoch überwiegen auch nach den Neuberufungen in der Zeit Andropows die beharrenden Kräfte.
Tschernenko wird wahrscheinlich nicht nur ins Gesamtkollektiv des Politbüros eingebunden sein, sondern außerdem in eine engere »kollektive Führung«. So hatte auch Chruschtschow einst als Parteichef angefangen, und dann Breschnew, der in der berühmten Troika mit Kossygin und Podgorny zusammengespannt war. Beide Male entledigte sich der Führer der Partei nach einiger Zeit seiner ungeliebten Teilhaber. Doch seither ist das Politbüro selbstbewußter geworden. Tschernenko kann nicht mit der Machtfülle Chruschtschows und Breschnews in ihren späteren

Jahren rechnen, und vielleicht hat er heute weniger Macht als vor ihm Andropow.

Aber nicht nur an der Spitze, sondern auch in den oberen und mittleren Rängen der Sowjetgesellschaft stehen hohe Hindernisse jeglicher Reformpolitik im Wege. Wichtige Gruppen sind daran interessiert, daß im großen und ganzen alles beim alten bleibe: nicht nur die Wirtschaftsbürokratie in den Ministerien und in anderen Behörden, sondern auch die Betriebs-Aristokratie. Beiden bringt das heutige Wirtschaftsregime Vorteile: Sie haben wenig Vollmachten, wenig Verantwortung, ein geringes Berufsrisiko, aber hohe Einkommen und viele Privilegien. Sollen sie sich ins kalte Wasser einer Wettbewerbswirtschaft wünschen? Auch der Großteil der weniger qualifizierten Arbeiter fühlt sich wahrscheinlich in seinem wenig angespannten Berufsdasein nicht schlecht aufgehoben.

Die Sicherheitsorgane, ein gewaltiges Heer, befürchten von Wirtschaftsmobilität Unruhe, das Selbstbewußtsein einer neuen Schicht, die sie sich nicht vorstellen können. Dem Militär werden die sozialen und politischen Folgen einer ernsthaften Wirtschaftsreform nicht annehmbarer erscheinen als den Kommandeuren des KGB. Und immerhin hat die Armee bisher im wesentlichen bekommen, was sie verlangte. Klein und schwach sind die Gruppen, die mehr Bürgerfreiheit wollen. Das Dissidententum ist eine Randerscheinung geblieben.

Und wer im Sowjetreich drängt das Politbüro zu einer anderen Außenpolitik? Die heutige, imperialistische ist nicht unpopulär. Die meisten Sowjetbürger wünschen offenbar den militärischen Sieg in Afghanistan, hätten einen Einmarsch in Polen richtig gefunden und billigen die Aufrüstung. Immer noch kann sich die Führung auf einen naiven Sowjetpatriotismus stützen.

Gewiß ist die Sowjetwirklichkeit dem Wandel nicht entzogen. Aber der geht langsam und nimmt viele Umwege. Nichts spricht im Augenblick dafür, daß sich zu Zeiten des neuen Generalsekretärs in der Sowjetunion viel ändern wird. Tschernenko verkörpert die Sowjetmacht, wie wir sie kennen.

Beharrung und Wandel in Moskau
4. Juli 1984

Konstantin Tschernenko regiert unauffällig. Selten tritt er in der Öffentlichkeit auf, selten läßt er sich auf Bildern sehen. Dafür hat er Gründe. Der erste ist schwache Gesundheit. Tschernenko wirkt heute so hinfällig wie sein Vorgänger Andropow. Da kann er nichts Besseres tun, als sich wenig zu zeigen.

Aber noch anderes rät ihm Zurückhaltung an. Seine Kenntnisse der Ökonomie, des Militärischen und der Außenpolitik sind schmal; gut bewandert ist er wahrscheinlich nur auf den Feldern der Personalpolitik, der Parteiorganisation und der inneren Sicherheit. Er muß sich noch in vieles hineinarbeiten; da ist Vorsicht im Reden geboten.

Nimmt man alles zusammen, fühlt sich der sowjetische Parteichef in der Innenpolitik noch sicherer als in der äußeren. Hier wird er sich am meisten engagieren. Aber noch sind nicht die Linien zu erkennen, denen er folgt. Von wirklicher Wirtschaftsreform wird in der Sowjetunion heute wenig gesprochen. Vielleicht führt man die unter Andropow begonnenen eng begrenzten Reformexperimente fort – aber dann wäre immer noch ungewiß, ob man sie zum Gelingen oder zum Scheitern führen will. Ande-

rerseits ist die Kampagne gegen Schlamperei, Faulenzerei, Korruption, mit der Andropow ein Stück Erfolg hatte, offenbar abgeflaut. Zwar prangert auch Tschernenko Disziplinlosigkeit und Fehlleistungen am Arbeitsplatz an; aber das scheint nur ein Zurückfallen ins überlieferte Ritual zu sein. Mit dem Parteiapparat geht Tschernenko so pfleglich um wie einst sein Lehrmeister Breschnew; der eiserne Parteibesen Andropows steht in der Ecke.
Was Tschernenko in der Nationalitätenpolitik vorhat, zeichnet sich noch nicht ab; dafür ist die Zeit seit Februar zu kurz. Doch alles spricht dafür, daß er in der Tradition des großrussischen Nationalismus und Beherrschungswillens steht, zusammen mit der großen Mehrheit des Politbüros. Die Kirchen in der Sowjetunion spüren nichts von Veränderung, weder zum Besseren noch zum Schlimmeren. Mit den alten Methoden werden die Dissidenten verfolgt. Kein Wandel also. Innenpolitik – das bedeutet für Tschernenko bisher vor allem Stabilisierung seiner Macht, die von einer Praxis der kollektiven Führung enger umgrenzt ist als einst die Macht Breschnews, jedenfalls in der zweiten Hälfte seiner Amtszeit, und Andropows.
In der Außenpolitik erweckt Tschernenko die meiste Zeit den Eindruck, als führten ihm Außenminister Gromyko und Verteidigungsminister Ustinow die Hand. Kaum je spricht der Generalsekretär allein mit ausländischen Staatsmännern. Gromykos vorgezeigtes Selbstbewußtsein bordet neuerdings über. Gorbatschow, der zweite Mann in der sowjetischen Führung, drängt zu den weltpolitischen Geschäften. Indessen, wenig spricht dafür, daß Tschernenko in der Außenpolitik einen eigenen Weg gehen wolle und daran von Gromyko und Ustinow gehindert werde. Mehr weist darauf hin, daß eine sichere Mehrheit im Politbüro, zu der auch der Generalsekretär gehört, sich über die Generallinie einig ist: die Sowjetunion soll ihren Geg-

nern mit Härte, Verschlossenheit begegnen, ohne Kompromißbereitschaft.
Einer solchen Politik erscheint eigene unbehinderte Aufrüstung vorteilhafter als zweiseitige kontrollierte Rüstungsbegrenzung und Abrüstung, demonstratives Fernbleiben von Verhandlungen nützlicher als Verhandeln, das Vorzeigen von Selbstbewußtsein besser als Werbung um begrenztes Vertrauen auf der anderen Seite. Diese Politik hat sich in einer Reihe von Zügen manifestiert. Die Sowjetunion bleibt den beiden Genfer Raketen-Verhandlungen fern und, mit den Staaten ihres engeren Lagers, den Olympischen Spielen in Los Angeles; sie steigert den Eroberungskrieg in Afghanistan zur Ausrottungsaktion, sie hat eine vereinbarte Reise ihres Ersten Stellvertretenden Ministerpräsidenten Archipow nach Peking brüsk abgesagt; sie behandelt westliche Emissäre abschreckend.
Warum das alles? Wahrscheinlich ist das Moskauer Politbüro zu dem Ergebnis gekommen, daß sich eine Entspannungspolitik nicht mehr lohne, da der Westen nicht mehr bereit sei, um einer Entspannung an der Oberfläche willen seine Sicherheitsinteressen zu vernachlässigen, und da China, während es mit der Sowjetunion Entspannung suche, einerseits die Zusammenarbeit mit Amerika verdichte, andererseits sich alle Handlungsfreiheit gegenüber dem mit der Sowjetunion verbündeten Vietnam bewahre. Dazu mag kommen, daß Moskau seinen europäischen Vorhof in gefährlichem Maß von einer West-Neigung erfaßt sieht, die bis in die »Neue Klasse« hineinreicht. In solcher Lage liegt es nicht fern, daß die sowjetischen Führer einem Hang nachgeben, der in der russischen Geschichte immer wieder wirksam geworden ist: sich nach draußen abzuschließen, fremdem Einfluß zu entziehen, auf sich selbst zurückzuziehen. Solche Abkehr und Insichkehr fällt den in Moskau bestimmenden Männern um so leichter, als

ihnen unterdrückte Zweifel an der eigenen Legitimität und ein bohrendes Gefühl der Unterlegenheit ihres Regimes den Umgang mit dem Westen ohnehin zur Seelenlast machen.
Niemand kann vorhersagen, wie weit die sowjetischen Herrscher ihre Politik der Verweigerung und des Auftrumpfens treiben werden. Und noch läßt sich nichts Zuverlässiges darüber sagen, ob etwa Gorbatschow, der ein Mann von weiterem Horizont zu sein scheint, die neue Moskauer weltpolitische Strategie in ihren Wirkungen eindämmen will und ob er sich bemüht, sie jederzeit umkehrbar zu halten.

Das Zwischenspiel ist zu Ende
12. März 1985

Am 10. März 1985 stirbt der sowjetische Parteichef Tschernenko.

Konstantin Tschernenko hinterläßt im Bilde der Sowjetunion wenig Spuren, weniger noch als sein Vorgänger Andropow. Wir werden es wahrscheinlich nie genau wissen, wie es zuging, daß das Politbüro vor gut einem Jahr einen alten, kranken Mann zum Generalsekretär wählte.
Einige Gründe freilich liegen nahe. Nach dem Tode Breschnews Ende 1982 war die Gruppe im obersten Gremium der Sowjetunion unterlegen, die dem Verstorbenen nahegestanden hatte und nun seine Politik eines hoheitsvoll-landesväterlichen Liegenlassens der Führungsaufgaben fortgeführt sehen wollte. Nicht ihr Kandidat Tschernenko, Breschnews Vertrauter durch Jahrzehnte, wurde der erste

Mann, sondern Andropow, der das Unbehagen am Stillstand der letzten Breschnew-Jahre am sichtbarsten personifizierte und am klarsten zu artikulieren verstand.
Als dann Andropow schon nach wenig mehr als einem Jahr starb, suchte der Breschnew-Traditionsverband wiederum Tschernenko auf den Platz des Generalsekretärs zu schieben. Da mag auch Persönliches im Spiel gewesen sein: Man wollte vielleicht dem unermüdlichen Diener der Partei, der aus der letzten Nachfolgerwahl zurückgesetzt hervorgegangen war, Genugtuung geben. Sage niemand, solches Rücksichtnehmen, Dankabstatten sei den Mitgliedern des sowjetischen Politbüros fremd. Wir dürfen die Psyche der sowjetischen Führer nicht allein danach einschätzen, wie sie mit ihren Untertanen und gar mit Dissidenten umgehen. Untereinander folgen sie Zuneigungen und Abneigungen, freundlichen und abwehrenden Gefühlen gewiß nicht weniger, als Politiker innerhalb von Machtgruppen im Westen das tun.
Aber die Tschernenkos Wahl betrieben, waren zu wenige; sie mußten weitere Anhänger im Politbüro gewinnen, um die Mehrheit zu haben. Das gelang ihnen, weil die Zeit noch nicht reif war für einen Generationswechsel im Amt des Parteichefs. So manche der älteren Politbüromitglieder dürfte der Gedanke an einen viel jüngeren Generalsekretär noch zu sehr befremdet haben; und keiner der jüngeren war hinreichend eingeübt in den innen- wie den weltpolitischen Führungsgeschäften. War da nicht ein Mann des voraussichtlich kurzen Übergangs am besten?
Und tatsächlich, Tschernenkos Amtszeit ist nur ein Zwischenspiel geworden, in dem sich der von Andropow angefachte sachte Wind der Veränderung (den manche westliche Beobachter zu einem Sturm dramatisierten) wieder legte. Die Reform-Experimente in der Ökonomie gingen weiter, aber keine motorische Energie drängte sie mehr

voran. In der Landwirtschaft gar fiel Tschernenko zurück auf die Methode agrotechnischer Mammutprojekte, die Milliarden verschlingen und weder die Produktivität noch auch nur die Produktion erhöhen.

Andropow hatte die Funktionäre in den Ämtern und Fabriken mit dem Ruf nach Fleiß und Disziplin etwas in Bewegung gesetzt; Tschernenko ließ die Kampagne verebben. Er hatte von Breschnew gelernt, daß man die »Neue Klasse« pfleglich zu behandeln habe, und das entsprach auch seinem Naturell. Tschernenko wollte sogar dem Volk als äußerlich etwas bärbeißiger, doch im Herzen freundlicher Herrscher erscheinen. Doch die Volkswohltaten, die er gern verspendet hätte, ließen sich bei seiner Politik aus der Wirtschaft nicht schöpfen.

Indessen, nicht alles ist unbeweglich geblieben in der Sowjetunion Konstantin Tschernenkos. Die auffälligste Veränderung war ein Zurückdrängen der politisch ambitionierten Militärs. Generalstabschef Ogarkow, der ehrgeizigste unter den Marschällen, verlor sein Amt an einen Mann, der sich offensichtlich mehr in den Grenzen seiner Befugnisse hält. Als der Verteidigungsminister Ustinow gestorben war, kam an seine Stelle der Marschall Sokolow, ein Soldat, der für politische Ämter offensichtlich nicht geschaffen ist und sich auch nicht dazu für geschaffen hält. Seither sitzt im Politbüro nicht mehr ein einziger Militär.

Mit dieser Verschiebung hängt es wahrscheinlich zusammen, daß die Sowjetunion den fallengelassenen Faden des Rüstungsgesprächs mit den Vereinigten Staaten vorsichtig wiederaufnahm. Konnte es Außenminister Gromyko recht sein, daß er, der Abbruchspezialist, mit einem Besuch bei Präsident Reagan den ersten Schritt dazu tun mußte? Die Länder des Warschauer Pakts werden das Jahr Tschernenkos nicht in angenehmer Erinnerung behalten. Mehrere von ihnen, in erster Reihe die DDR und Ungarn, fanden sich brüsk zurückbeordert, sobald sie sich mit dem westlichen Deutschland enger einlassen wollten, als das in Moskaus westpolitisches Konzept paßte. Aber die Führungen im osteuropäischen Vorhof der Sowjetunion haben darüber ihr Selbstbewußtsein nicht verloren. Gerade Honecker und Kadar haben es erst dieser Tage gezeigt. Tschernenko hinterläßt seinem Nachfolger den Warschauer Pakt in einem Zustand leichten Gärens an mehreren Stellen.

Wie wird es weitergehen im Sowjetstaat? Abwarten, die Dinge lassen, wie sie sind – das kann nicht gut die Maxime des Politbüros für die Zeit nach Tschernenko sein. In der führenden Schicht wächst der Unwille über Entscheidungsmangel und Stagnation. Viele hohe Funktionäre finden, die Sowjetunion werde seit langem schwächlich, eigentlich gar nicht geführt. Vieles spricht also dafür, daß mit der Berufung des jungen Gorbatschow Moskau neue Regierungsenergien gewinnt. Was für eine Politik mag daraus hervorgehen?

Der neue Mann wird sich vorsehen
18. März 1985

Nach dem Tode Tschernenkos wird am 11. März 1985 Gorbatschow Generalsekretär der sowjetischen Partei.

Gorbatschow wird sich hüten, seine Amtszeit mit einem Feuerwerk von Veränderungsprojekten zu beginnen. Das würde ihm nicht liegen – er ist kein Brausekopf. Außerdem hat er viel Zeit; wenn ihm nicht ein Malheur dazwi-

schenkommt, kann er zwei Jahrzehnte regieren, länger als alle sowjetischen Parteichefs seit Stalin.
Das Wichtigste ist für ihn jetzt, sich eine feste Machtbasis zu schaffen. Gorbatschow wird ins Politbüro eingebunden sein wie seine Vorgänger. Aber er kann dort vielleicht eine Mehrheit um sich scharen, auf die jedenfalls bei Entscheidungen von höchster Wichtigkeit Verlaß ist. Er kann auch dafür sorgen, daß die Schaltstellen im Zentralkomitee und die Kommandoposten in den verschiedenen bewaffneten Organen des Sowjetstaates mit Leuten seines Vertrauens besetzt sind. Wird er es dabei belassen, daß von allen Mitgliedern des Politbüros sein Rivale Romanow, als Beauftragter für die Industrie und damit auch für die Rüstungswirtschaft, das engste Verhältnis zur Armee besitzt? Bald wird sich Gorbatschow einen neuen Ministerpräsidenten suchen müssen – Tichonow ist alt und wird müde.
Im Westen nehmen viele an, der neue Generalsekretär werde nun mit Elan an eine tiefgreifende Wirtschaftsreform gehen. Sie können gar nicht verstehen, daß die Sowjetunion nicht schon längst die Gelegenheit ergriff, ihre Wirtschaftsmisere mit einem solchen Reformwerk zu überwinden. Manches spricht dafür, daß Gorbatschow ernsthaft vorhat, die sowjetische Ökonomie leistungsfähiger zu machen. In seiner Antrittsrede hat er eine »entscheidende Wende« in der Wirtschaftspolitik gefordert. Aber er wird die Hindernisse kennen. Der staatliche Wirtschaftsverwaltungsapparat, der mit dem Parteiapparat verquickt ist, lehnt Reformen ab, sofern sie ihm Befugnisse nehmen. Von den Direktoren der sowjetischen Industriebetriebe wird manchmal gesagt, sie brennten darauf, unter Marktbedingungen zu wirtschaften. Da ist Aberglaube im Spiel. Die wenigsten werden sich ins kalte Wasser des Wettbewerbs wünschen; in der planwirtschaftlichen Sicherheit ist es ihnen wohlig warm.

Der größte Teil der Industriearbeiter wiederum möchte zwar gewiß mehr Lohn, aber nicht um den Preis, daß er den überlieferten Schlendrian aufgeben müßte. In der Landwirtschaft ist die Leistungsbereitschaft größer. Die Kolchosarbeiter, die am meisten ausgebeutete Schicht im Sowjetstaat, müssen sich mehr plagen als die Industriearbeiter und hätten also nur zu gewinnen von einer Reform, die Leistung honorierte. Seit den letzten Jahren Breschnews betrachtet die Armeeführung den Zustand der Sowjet-Ökonomie mit Sorge. Sie fürchtet, von einer stagnierenden Wirtschaft werde sie eines Tages nicht mehr genug Geld für ihre ehrgeizigen Rüstungsprogramme bekommen. Aber manche vorhersehbaren Folgen einer marktwirtschaftliche Elemente enthaltenden Ordnung müssen den Marschällen ein Greuel sein: Mobilität der Arbeiter, mehr Konsumdenken und Wohlstandsaufsässigkeit, dazu sinkendes Sozialprestige des Militärs.
Für eine Veränderung fehlt auch das Modell. Kann sich die Sowjetunion an der Wirtschaftspolitik Kadars orientieren? Ungarn ist ein kleines Land am Rande des Imperiums; seine Bevölkerung hat sich einst gegen die Moskauer Herrschaft erhoben, empfindet den Sowjetkommunismus als fremdes Regime und wird von der Budapester Führung mit einer geschickten Innenpolitik ruhig gehalten. Das kann nicht gut ein Vorbild für die Sowjetunion hergeben, für die Vormacht, die das Lager inspirieren will. Gorbatschow muß also ebenso vorsichtig wie energisch zu Werke gehen, wenn er die Sowjetwirtschaft einem »tiefgreifenden Wandel« unterziehen will. Wie tief er sich den Wandel vorstellt, weiß niemand; und noch weniger, was die Schwierigkeiten der Praxis von den Vorstellungen übriglassen werden.
Behutsamkeit muß der neue Generalsekretär auch in der Außenpolitik üben. Nichts Schlimmeres könnte ihm am

Beginn seiner Amtsperiode passieren als der Vorwurf von Gegnern, er wolle bisher zäh behauptete sowjetische Positionen im Ost-West-Konflikt aufgeben, oder er vernachlässige den Zusammenhalt im sozialistischen Lager. Deshalb wird er sicherlich nicht für ein rasches Abgehen von der unter Breschnew begonnenen Über-Rüstungspolitik eintreten, wofür er im Politbüro auch keine Mehrheit zusammenbekäme. Noch weniger wird er die Sowjetunion aus dem Krieg in Afghanistan zu lösen suchen, den sie mit Gründen schließlich zu gewinnen hofft. Vielleicht bekommen die osteuropäischen Verbündeten allmählich wieder etwas mehr Bewegungsfreiheit für ihre Westpolitik; aber eine Auflockerung des Warschauer Paktes wird der Generalsekretär zusammen mit dem ganzen Politbüro zu verhindern trachten. Für Andropow und Tschernenko hatte das »Lager«, von der Elbe bis zur chinesischen Grenze, immer den Vorrang. Das wird unter Gorbatschow wohl so bleiben.

Auch an der Nationalitätenpolitik im Sowjetstaat wird sich voraussichtlich nichts ändern. Da auch Gorbatschow den darniederliegenden Marxismus-Leninismus nicht beleben kann, wird er, wie schon Breschnew, den »Sowjetpatriotismus« genannten russischen Nationalismus und Imperialismus als zusammenbindende und mobilisierende Ideologie benutzen. Das aber bedeutet: die Russifizierung wird fortgesetzt. Am wenigsten Sorgen macht dem neuen Parteichef gewiß die politische Opposition im Land. Breschnew schon hat die Dissidenten-Bewegung zerschlagen; etwas Ähnliches wird es so bald nicht wieder geben.

Wieviel wird Gorbatschow gleichschalten?
7. November 1985

In der Amtszeit Breschnews, besonders in seinen letzten Jahren, haben sich im europäischen Vorhof der Sowjetunion innen- und außenpolitische Eigenwilligkeiten ausgebreitet, die, gemessen an unseren westlichen Maßstäben, bescheiden sein mögen, die sich aber aus Moskauer Sicht beunruhigend groß ausnehmen. Der neue sowjetische Generalsekretär Gorbatschow ist voller Tatendrang. Muß es ihn nicht drängen, so wie in der sowjetischen Wirtschaft auch hier Remedur zu schaffen? Vielleicht hat er das vor; doch bisher hat er nichts getan, was dramatische Schritte auf dem ostmitteleuropäischen Feld erwarten ließe.

Gelegenheit war da. Als Ende April die Ostblockführer in Warschau feierlich ihr förmliches Gruppenbündnis verlängerten, hätte Gorbatschow ihnen ein dringliches Moskauer Verlangen nach einer Wende, wenn es denn bestand, kundtun können. Noch mehr hätte sich dazu die Führungskonferenz des Warschauer Paktes neulich in Sofia geeignet.

Doch auf keinem der beiden Treffen scheint der sowjetische Parteichef von den Verbündeten, die es anginge, streng Einkehr und Umkehr gefordert zu haben; offenbar gab es nur verhaltene Mahnungen. In der Zeit zwischen den beiden Paktkonferenzen war der ungarische Parteichef Kadar, dessen Politik die tiefste eigene Prägung aufweist, zu Besuch bei Gorbatschow. Doch nichts weist bisher darauf hin, daß dieser seinen Gast mit peitschenden Vorhaltungen bedrängt hätte. Allerdings warnten im Sommer Moskauer Obrigkeits-Publikationen alarmierend vor Abweichungen – in der Westpolitik wie in der Wirtschaftsordnung – und vor »Nationalismus«. Doch nach diesen offensichtlich in den Kanzleien des Zentralkomitees geschriebenen Artikeln erschienen andere von nicht geringerer Herkunft, die nicht in solche Richtung wiesen. Aus derartigen Dissonanzen läßt sich nicht leicht ein Signal heraushören.

Gorbatschow scheint sich also bisher mit strikten Befehlen zur Umkehr zurückzuhalten. Dafür hat er gute Gründe. Gewiß sind die kleineren Staaten des Warschauer Paktes von der Führungsmacht in ihrer Regime-Sicherheit, aber auch sonst politisch und überdies wirtschaftlich abhängig. Aber andererseits braucht die Sowjetunion auch ihre Verbündeten. Das fängt bei der Ökonomie an. Gerade Gorbatschow, der – mit welchen Methoden auch immer – aus der Sowjetwirtschaft mehr Leistung herausholen will, ist auf Beiträge der ostmitteleuropäischen Industrien, vor allem der ostdeutschen und der ungarischen, zur Modernisierung seiner eigenen angewiesen. Und solange seine Wirtschaft daheim das Volk so mangelhaft mit Nahrungsmitteln und Gebrauchsgütern versorgt, muß er erleichtert darüber sein, daß Landwirtschaft und Industrie der verbündeten Länder immerhin einige Lücken füllen.

Doch die Sowjetunion braucht die Länder ihres westlichen Vorfeldes auch militärisch-strategisch. Für das Moskauer Sicherheitsdenken, das die Sowjetunion am liebsten mit zehn Sicherheitsringen umgeben sähe, ist das Stück Europa vom Bug bis zur Elbe von unschätzbarem Wert. Es war für die Sowjets wie eine Erlösung, als 1945 die fremde, feindliche, kapitalistische Welt nicht mehr gleich hinter Minsk begann, sondern erst kurz vor Frankfurt am Main und Hamburg.

Aber Ostmitteleuropa ist für die Moskauer Militärstrategie nicht nur ein lebenswichtiger Schutzstreifen. Als die Sowjetunion der westlichen Nachrüstung mit dem Aufstel-

len neuer, weiterer Raketen (zu den SS 20 auf sowjetischem Boden) politisch dazwischenfahren wollte, brauchte sie Stationierungsplätze in einigen verbündeten Ländern. In Moskau wird man lange nicht vergessen, daß sich der bulgarische Parteichef Schiwkow damals auf ein Versprechen Breschnews berief, in sein Land keine Atomwaffen zu bringen. Und ebenso wird man in Moskau im Gedächtnis behalten, wie verhalten das Ja zur Stationierung aus Ost-Berlin und sogar aus Prag klang.
Freilich, die Sowjets hätten ihre Raketen einfach aufstellen können, ohne sich um Gedanken und Gefühle ihrer Verbündeten zu kümmern. Überhaupt kann die Sowjetunion wegen ihrer physischen Allmacht im östlichen Lager dort alles gleichschalten, was sie unbedingt gleichschalten will. Doch solches Durchsetzen kostet einen hohen Preis. Wenn heute das sowjetische Politbüro eine verbündete Parteiführung auf einem wichtigen Felde brüsk zu einer anderen, der sowjetischen Linie näheren Politik zwingt, stärkt sie in der betroffenen Nation – bis weit in die Reihen der Partei – die antirussischen und antisowjetischen Stimmungen, von deren Umsichgreifen in Ostmitteleuropa die »Prawda« im Juni so auffällig offen sprach. Damit aber wird ein Stück ihres Vorfeldes, des kostbarsten Besitzes, den sie in der Welt hat, politisch und sogar militärisch weniger sicher. Dazu können unliebsame ökonomische Folgen treten. Ein Zurückdrehen der Kadarschen Wirtschaftsreformen würde Ungarn als Handelspartner der Sowjetunion weithin entwerten, eine härtere Innenpolitik in Polen die wirtschaftliche Misere dort vertiefen und am Ende die sowjetische Subsidienlast erhöhen.
Dies alles heißt nicht, daß Gorbatschow in den verbündeten Ländern alles so lassen wolle, wie es ist, oder daß er gar alles so weitergehen lassen möchte, wie es heute geht. Doch wird er bei seinen Veränderungsplänen wahrschein-

lich mit Vorsicht zu Werke gehen, mit sorgfältig abgemessenen Schritten, und immer mit dem Blick darauf, ob nicht der Nachteil einer Gleichschaltungs-Aktion deren Nutzen überwiegt.

IV.
Deutsche drüben

Einst waren die Deutschen in der östlichen Hälfte Europas daheim. Noch zwischen den beiden Weltkriegen lebten starke deutsche Minderheiten in der Tschechoslowakei und in Polen, in Ungarn und Rumänien, im südslawischen Königreich, in den baltischen Ländern und im Sowjetstaat. Sie hatten einst viel zur Zivilisation und Kultur ihrer Heimat beigetragen. Das nationale Erwachen der Mehrheitsvölker, mit denen sie zusammenwohnten im 19. Jahrhundert, hatte ihre Lage verschlechtert. Die Gründung neuer Staaten und die Grenzverschiebungen nach dem Ersten Weltkrieg verwandelten die deutschen Bewohner ganzer Regionen in neue Minderheiten. Ein mit Abneigungen aufgeladener Nationalismus auf allen Seiten machte das Miteinander noch schwieriger. Im Zweiten Weltkrieg und in den Jahren danach ging ein Teil der deutschen Volksgruppen in Ostmittel- und Südosteuropa in einem Inferno unter. Die überlebten lösen sich durch Abwanderung und Assimilation allmählich auf; vielleicht bleiben einige Inseln. Die Staaten ermessen allmählich den Verlust. Heute sind die Deutschen im kommunistisch beherrschten Teil Europas vor allem in Gestalt der DDR-Bevölkerung präsent. Aber die Bewohner des östlichen deutschen Staates fühlen sich zusammengehörig mit denen des westlichen, sie wollen nicht eine getrennte Nation sein. Mit diesem Nationalbewußtsein stellen sie Tag für Tag die Teilung Deutschlands und damit Europas in Frage.

Deutsche in Osteuropa
19. Juli 1979

Die regelmäßig wiederkehrende Nachricht, im vergangenen Monat seien soundso viele deutsche Umsiedler aus Osteuropa im Aufnahmelager Friedland eingetroffen – worauf stößt sie im Volk? Die meisten unserer Mitbürger nehmen sie mit fatalistischem Wohlwollen auf. Mit Wohlwollen, weil es ihnen richtig vorkommt, daß Leute dort ankommen, wohin sie strebten, und speziell Deutsche in unserem Land, das ihre Sprache spricht. Mit Fatalismus, weil sie glauben, anders könne es gar nicht sein: die Deutschen in Osteuropa hätten dort keine Heimstatt mehr, keine Zukunft; und so bleibe nur, daß sie allesamt zu uns kämen, je rascher, desto besser.
Solch resignierter Schluß ist verständlich nach allem, was die deutschen Volksgruppen Osteuropas in vierzig Jahren durchgemacht haben. Aber richtig ist er nur zum Teil. Die Deutschen in Polen und der Tschechoslowakei haben dort in der Tat nichts zu erwarten als ihre endgültige Entnationalisierung, ihre Einschmelzung in die Staatsnation (das sind im letzteren Fall die Tschechen). Wer von ihnen mit seiner Muttersprache leben und sie den Kindern weitergeben möchte, dem bleibt nur die Auswanderung, um die er oftmals jahrelang kämpfen muß. Den einst von Stalin in die asiatischen Regionen deportierten Rußland-Deutschen geht es nicht viel besser. Was der Staat für ihr eigenes sprachlich-kulturelles Leben tut, ist mehr Flitter und Fassade als ernsthafte Förderung.
Ein anderes Bild bietet sich in Südosteuropa. Jugoslawien zwar hat sich seiner deutschen Minderheit entledigt. Ungarn wies etwa die Hälfte seiner Deutschen aus. Von der anderen Hälfte hat ein großer Teil seine Sprache – die

Mundart zumindest – und das Bewußtsein seiner Herkunft und Tradition bewahrt. Der ungarische Staat erkennt der deutschen Volksgruppe ein Existenzrecht zu und versucht heute sogar, ihr im Schulwesen und im Kulturleben eine Grundlage fürs Überleben zu geben. Doch ist ungewiß, ob er damit nicht zu spät kommt, ob die Folgen hundertjähriger Madjarisierungspolitik sich noch weit genug zurückdrehen lassen, ob die Zahl der Deutschen, die nicht in der ungarischen Nation aufgehen wollen, ausreicht für das Fortbestehen einer nationalen Minderheit im Zeitalter der Migration und Mobilität. Die nächsten zehn Jahre werden es zeigen.
Die beiden deutschen Volksgruppen in Rumänien hingegen, die Siebenbürger Sachsen und die Banater Schwaben, wären an Zahl und an sprachlich-kulturellem Lebenswillen sicher stark genug, um fortzubestehen. Der Staat hat ihnen bald nach dem Krieg wieder Schulen und andere kulturelle Institutionen zugestanden, in denen sie sich, nicht nur zur Traditionspflege, zusammenfinden, an denen sie einen Halt finden können. Eine Lehrerausbildung, Bühnen und Chöre, Zeitungen und Bücher – das alles besitzen sie, und niemand macht es ihnen streitig.
Doch in dem Bau, der auf den ersten Blick so solide aussieht, zeigen sich bei näherem Hinsehen gefährliche Risse. Das Vertrauen der deutschen Minderheit in die Zukunft zerbröckelt. Mehrerlei hat dazu beigetragen. Die Siebenbürger Sachsen und die Banater Schwaben haben nach dem Krieg viel erduldet – Enteignung, mörderische Zwangsarbeit in Rußland, Deportationen im Land. Die Sachsen vor allem waren wohlhabende Bürger und Bauern; so traf sie der Sozialismus, der über alle Bewohner Rumäniens kam, besonders hart. Die schwerste Zeit stand die deutsche Minderheit zäh durch. Erst als dann das Leben leichter wurde, in den sechziger Jahren, fielen die Deutschen in eine seelische Erschöpfung. Sie hätten nun

einer besonders pfleglichen Behandlung bedurft, und einiges geschah auch. Ein Jahrzehnt ist es her, daß Parteichef Ceausescu zum ersten Mal von dem Unrecht sprach, das den Deutschen Rumäniens nach dem Krieg widerfahren sei. Das hätte die Initialzündung für eine Reihe notwendiger Änderungen von Vorschriften und Praxis zugunsten der Deutschen sein können. Doch daraus wurde nichts. Ceausescu wollte sich bei seiner Politik der nationalen Souveränität auf ein neues Nationalgefühl der Rumänen stützen. In dieser Atmosphäre fielen dem Staat Konzessionen an die Minderheiten schwer. Vielleicht hätte er der deutschen noch einiges gegeben. Aber hätte dann die viel stärkere und selbstbewußtere ungarische, die ihr Mutterland nahe weiß, nicht Gleiches verlangt?
So besserte sich wenig. Im Gegenteil – einige siebenbürgische Städte müssen seit Beginn der siebziger Jahre auch in den deutschsprachigen Zeitungen rumänisch genannt werden. An deutsche Ortstafeln ist nicht einmal in Dörfern zu denken. Nun bedroht eine Fach-Zersiedlung der höheren Schulen den deutschen Gymnasialunterricht. Die Befürchtung, ihre Volksgruppe und auch sie selbst als Deutsche hätten im Lande keine Zukunft mehr, weckte in vielen Rumänien-Deutschen den Wunsch zur Auswanderung. Rufe aus der Bundesrepublik zur kollektiven Heimkehr der Rumänien-Deutschen und die Attraktion des westdeutschen Lebensstandards trugen dazu bei, daß aus einer Tendenz zur Abwanderung eine Woge wurde. Zwölftausend Rumänien-Deutsche verlassen jährlich ihre Heimat. Das ist ein Aderlaß, den die Minderheit nicht lange ertragen wird. Doch wer möchte auch nur erwägen, Rumänien solle seine auswanderungswilligen Deutschen festhalten? Nicht bei den Folgen, sondern bei den Ursachen des Auswanderungswillens müßte Bukarest ansetzen. Noch lohnt der Versuch.

Eine Brücke versinkt
16. Mai 1983

»Wir werden darauf drängen, daß wieder mehr Deutsche aus der Sowjetunion ausreisen können« – dieser Satz in der Regierungserklärung Bundeskanzler Kohls vom 4. Mai verdient aus mehreren Gründen Aufmerksamkeit. An ihm fällt zunächst auf, daß der Kanzler von »Deutschen« spricht und damit einer Sprachmode widersagt, welche die Deutschen Osteuropas »Deutschstämmige« nennt – als ob es sich um assimilierte Abkömmlinge deutscher Urahnen handelte, während sie doch in Wahrheit in Sprache und Lebensart deutsch sind wie wir. Jener verkehrte Sprachgebrauch wird noch übertroffen von der vordringenden Gewohnheit, den Deutschen in Osteuropa einen Namen zu versagen. »Die Zahl der Aussiedler aus den Ländern des Ostblocks in die Bundesrepublik hat sich merklich verringert«, hieß unlängst der erste Satz einer Agentur-Nachricht, die auch in ihrem weiteren Text keinen Hinweis auf die Volkszugehörigkeit enthielt. Da könnte man denken, es gehe um Polen oder Tschechen, die zu uns übersiedelten, während doch Deutsche aus Osteuropa gemeint sind.

Doch wichtiger als der richtige Ausdruck ist der richtige politische Schritt. Der Kanzler hat mit seiner Ankündigung ein Zeichen dafür gegeben, daß die Bundesregierung die Deutschen im östlichen Teil des Kontinents, die in die Bundesrepublik streben, bei ihrem oft verzweiflungsvollen Kampf um die Ausreiseerlaubnis unterstützen will. Kohl sprach unmittelbar nur von den Deutschen in der Sowjetunion; aber sicherlich dürfen sich die auswanderungswilligen Deutschen in anderen osteuropäischen Ländern mitgemeint fühlen. Allen zusammen wird das Wort des

Kanzlers eine Ermutigung sein – soweit sie davon erfahren.
Indessen, Kohls Absichtserklärung lenkt die Gedanken noch auf eine andere Wirklichkeit: Die deutschen Minderheiten in Osteuropa haben dort keine Zukunft mehr; ihre Rückkehr in die alte Heimat, aus der die meisten von ihnen vor Jahrhunderten aufgebrochen waren, ist das einzige, was sie vor sich sehen. Ihre Gastgeber-Länder wollen sie seit langem nicht mehr als Volksgruppen mit eigener Sprache und Kultur, als eigene ethnische Persönlichkeiten.
Und sie selber, die Deutschen im Osten, sehen auch keine Möglichkeit mehr, als solche Individualitäten weiterzubestehen. Ihre Funktion als Mittler zwischen Deutschland und Osteuropa ist nicht mehr erwünscht, und sie fühlen sich nicht länger imstande, eine solche Aufgabe zu erfüllen. Ihre politische und soziale Deklassierung, die Bedrängnis, in der sie tagtäglich leben, der Assimilierungsdruck, der Widerspruch zwischen ihrem dringlichen Wunsch auszuwandern und dem Willen ihrer Obrigkeiten, möglichst viele von ihnen festzuhalten – das alles führt, im Gegenteil, zu immer neuen Reibereien zwischen dem westlichen Deutschland und osteuropäischen Staaten, so daß sie sich in all ihren Schwierigkeiten auch noch als Zankapfel vorkommen müssen. Das Zusammenleben von Osteuropäern und Deutschen in Osteuropa ist ein Kapitel der Geschichte, das bald abgeschlossen sein wird.
Dieser Befund gilt – mit Unterschieden – für alle osteuropäischen Länder, auf deren Territorien einst deutsche Minderheiten lebten. Polen, das vor dem Krieg eine deutsche Volksgruppe hatte und nachher durch seine Ausweitung nach Westen noch mehr Deutsche unter seine Herrschaft bekam, ist an erster Stelle zu nennen. Mit der inneren Verhärtung in Polen unter Jaruzelski ist auch die Zahl

der Deutschen zurückgegangen, die Warschau ausreisen läßt. Die Bundesregierung bemüht sich um Abhilfe, und die deutsche Öffentlichkeit sollte sie dabei unterstützen.
Auch in der Tschechoslowakei ist das Schicksal der deutschen Minderheit – etwa 80 000 – besiegelt. Bei ihr ist der Auswanderungswille schwächer als bei den Polen-Deutschen. Das rührt von der Überalterung der Minderheit her und vom hohen Grad ihrer Assimilierung. Doch ist die Prager Behauptung anzuzweifeln, nur noch vereinzelt wollten Deutsche in die Bundesrepublik.
Um so stärker drängen die Deutschen in der Sowjetunion zu uns, die seit ihrer Deportation verstreut in den asiatischen und nordeuropäischen Regionen des Sowjetreiches leben und sich dort rigoroser Russifizierung ausgesetzt finden. Von den an die zwei Millionen Rußlanddeutschen möchten Hunderttausende auswandern. Aber die Zahl der Übersiedler geht seit einigen Jahren dramatisch zurück. Das will die Bonner Regierung nicht untätig hinnehmen, wie Kohls Hinweis in der Regierungserklärung zeigt.
Bei den Deutschen in Ungarn schreitet die Madjarisierung rapide voran. In Rumänien hingegen sah es noch vor einigen Jahren so aus, als könnten sich die Deutschen dort, Siebenbürger Sachsen und Banater Schwaben, als ethnisch-kulturelle Einheit halten. Ihre Zahl – damals 360 000 – schien dafür noch genügend groß; sie wohnen in ihren alten Siedlungsgebieten, und die Bukarester Führung gewährt ihnen manches, was zur Bewahrung von Sprache und ethnischem Selbstbewußtsein nötig ist.
Doch die wachsenden Schwierigkeiten des täglichen Lebens in Rumänien haben unter den Sachsen und Schwaben, von denen viele die unsäglichen Leiden in den ersten Nachkriegsjahren nie überwanden, den Auswanderungsdruck verstärkt, unter dem sich die Minderheit nun all-

zu erleichtern. Eines Tages wird die deutsche Minderheit in Rumänien auf einen Überrest geschrumpft sein. Eine Brücke zwischen der deutschen Nation und den osteuropäischen Völkern wird dann vollends versinken.

Sprach-lose Deutsche
28. August 1984

Allmählich legt sich im westlichen Deutschland die Erregung über die Worte, mit denen der Primas von Polen, Kardinal Glemp, am 15. August in Tschenstochau zu den Fragen Stellung nahm, ob es in seinem Land ein Bedürfnis nach Seelsorge in deutscher Sprache, ob es dort überhaupt noch Deutsche gebe. Von Anfang an hatte bei uns Besonnenheit das Feld beherrscht. Die Zurückhaltung war richtig. Nichts käme den kommunistischen Führern Polens und der Sowjetunion jetzt gelegener als heftiger Streit zwischen den polnischen und den westdeutschen Katholiken und überhaupt zwischen den Polen und den Westdeutschen. Alle bisherigen Führungsgarnituren in Warschau haben gelegentlich antideutsche Gefühle im Volk als Instrument zur Befestigung ihrer Herrschaft zu verwenden gesucht – in dieser Tradition bleibt auch das Regime Jaruzelski; es fände vielleicht auch das Gegenstück, Antipolonismus in der Bundesrepublik Deutschland, zur Beschwichtigung der mißtrauischen Oberherren für eine Weile nützlich. Dem dürfen wir nicht zuarbeiten.
Aber noch mehr: Für die Bundesrepublik sind die Nationen Ostmitteleuropas besonders wichtige Nachbarn. Der kulturelle und wirtschaftliche Austausch mit ihnen wird,

bei vorhersehbaren Rückschlägen, beiden Seiten immer mehr geben, und in dem langwierigen Prozeß ihres Souveränwerdens können sie für uns auch auf dem Felde der Politik immer mehr zu Gefährten werden. Jedes Zeichen guten Willens, das wir ihnen erweisen, ist darum eine Zukunftsinvestition. Das größte dieser Völker aber sind die Polen. Eine deutsche Osteuropa-Politik, die an ihnen vorbeiginge, müßte Stückwerk bleiben.
Gewiß, wir Deutsche hören aus Polen auch heute noch viel Unfreundliches. Aber von allen Kräften dort bemüht sich die katholische Kirche am ernsthaftesten um Verständigung mit den Deutschen. Erinnern wir uns nur an das Versöhnungswort der polnischen Bischöfe im Jahr 1965, das ihnen die politische Gewalt so übelnahm. Das war zu Zeiten des Kardinals Wyszynski. Sein Nachfolger Glemp folgt ihm darin. Erst neulich ließ er ein Treffen mit dem General Jaruzelski daran scheitern, daß er nicht, wie ihm im voraus angesonnen, einen Text unterschreiben wollte, der angeblichen deutschen Revanchismus angriff. Mit seinen Worten über die Deutschen im heutigen Polen suchte Glemp offensichtlich das immer prekäre Verhältnis der Kirche zur kommunistischen Obrigkeit etwas zu entlasten. Übersehen wir auch nicht, daß Glemp auf die – diskret vorgebrachten – Bedenken der deutschen Bischöfe gegen seine Tschenstochauer Predigt ein Stück einlenkte.
Das alles war und ist zu bedenken. Und doch bleiben viele Deutsche von jenen Worten des polnischen Primas in Tschenstochau verletzt, weil der Kardinal Ungerechtes sagte. Niemand wird leugnen, daß es Bewohner Oberschlesiens gibt, die sich nur deshalb als Deutsche ausgeben, weil sie die polnische Wirtschaftsmisere mit westdeutschem Wohlstand vertauschen möchten. Aber viele Oberschlesier wollen nach Deutschland, weil sie sich als Deutsche fühlen; und manche von ihnen wünschen sich für

die Zeit, da sie noch in Polen leben, deutschen Gottesdienst.

Ihnen allen hat der Primas vorgehalten, sie könnten nicht Deutsch. Daran ist in vielen Fällen etwas richtig. Viele Bewohner Oberschlesiens, die sich heute als Deutsche erklären, sprechen das Deutsche nur gebrochen. Aber wie kam es dazu? Dem deutschen Bevölkerungsrest, der nach der Vertreibung in Polen festgehalten wurde, war bis 1956 das Deutsch-Sprechen bei hoher Strafe verboten, und später blieb es gefährlich. Wer deutsch sprach, riskierte seinen Arbeitsplatz. So verloren viele Deutsche ihre Sprache, und die Kinder konnten sie erst gar nicht lernen, denn an den Grundschulen wurde sie nicht einmal als Fremdsprache gelehrt. Will der Primas die Folgen solcher Zwangspolonisierung zur Grundlage moralischer und nationalpolitischer Urteile erheben?

Indessen, niemand sollte Kardinal Glemp Zynismus vorwerfen. Wo der Ursprung seines Räsonierens über wirkliche oder angebliche Deutsche in Polen liegt, darauf weist das wiederholte Vorkommen des Wortes »Ausländer« in seiner Predigt hin. So sagte er, Ausländer müßten in ihrer Sprache beten können. Der Primas setzt die Begriffe »polnischer Staatsbürger« und »Angehöriger der polnischen Sprach- und Kulturnation« gleich. Danach kann es in Polen ethnische Sprach-Minderheiten nicht geben. Das ist der Standpunkt auch des polnischen Staates, und die Nation teilt ihn offenbar. Er ist der Realität nahe: Anders als der polnische Staat der Zwischenkriegszeit ist der heutige ethnisch-sprachlich fast einfarbig. Von den einstigen Minderheiten – den Deutschen, Ukrainern, Weißrussen vor allem – sind nur Splitter übriggeblieben. Ihnen könnte die polnische Nation eigentlich Großzügigkeit angedeihen lassen.

Doch daran fehlt es. Das bekommen nicht nur die letzten

Deutschen in Oberschlesien zu spüren. Unlängst bat in Wien eine Gruppe polnischer Staatsbürger um Asyl. Aber nach ihrer Volkszugehörigkeit waren es nicht Polen, sondern Ukrainer; sie wollten ihre Heimat verlassen, weil sie dort wegen ihrer Nationalität, ihrer Sprache und ihrer Zugehörigkeit zur katholischen Kirche des östlichen Ritus schlecht behandelt wurden.
Das polnische Volk behauptet sich durch sein starkes Nationalbewußtsein, dessen Verwalter die katholische Kirche ist. Das verdient unseren Respekt. Der Kirche fällt damit aber die Aufgabe zu, Auswüchsen des Nationalgefühls entgegenzutreten, die Wehrlosen Ungerechtigkeiten zufügen.

Eine Festung auf Treibsand
4. Dezember 1984

Anfang dieses Jahres entließ die DDR in einem überraschenden Zug 20 000 ihrer Bewohner in die Bundesrepublik. Wollte sie das wiederholen – 20 000 Ausreisewillige bekäme sie jederzeit leicht zusammen, und das mehrmals. Ein ansehnlicher Teil ihrer Bevölkerung will zu uns abwandern. Wie viele, darüber gibt es nur Vermutungen. Wir kennen nicht einmal die Zahl der DDR-Deutschen, die bei der Behörde den Antrag auf eine Ausreise-Erlaubnis gestellt haben; sie wird in Ost-Berlin als Staatsgeheimnis gehütet. Die Schätzungen bewegen sich zwischen einer Viertel- und einer halben Million.
Aber wenn sich eine davon bestätigte, wüßten wir immer noch wenig. Wer drüben dem Staat mitteilt, daß er ihn ver-

lassen wolle, beschädigt die Wurzeln seiner staatsbürgerlichen und wirtschaftlichen Existenz. Das nimmt nur auf sich, wer nichts zu verlieren hat. Alles spricht dafür, daß die meisten abwanderungswilligen DDR-Deutschen ihren Wunsch verschweigen. Will man also den wahren Umfang des Abwanderungsdranges ermessen, muß man die Zahl der Antragsteller vervielfachen – aber um wieviel?
Doch die Vorstellung wäre falsch, eigentlich wollten alle Bewohner der DDR fort. Ihre große Mehrheit hängt an der Heimat, an den Verwandten und Freunden, am Beruf, an dem bescheidenen Wohlstand, den sie sich mühselig geschaffen hat. Diese Mehrheit will bleiben; und da sie dem Regime mit Distanz gegenübersteht, zieht sie sich ins Private zurück.
Dieser Staat, an dem sie vorbeilebt, hat immerhin einiges vorzuweisen. Eine ähnlich geregelte Versorgung wie die DDR hat im sowjetischen Lager nur noch Ungarn zustande gebracht. Die östlichen Deutschen gelten im Block als wohlhabend. Den Kirchen ist Autonomie zugestanden; für Schriftsteller und Künstler gibt es manchmal überraschende Freiheiten.
Freilich bleiben die schweren Lasten: die Parteiherrschaft mit dem dazugehörigen Parteibuch-Unwesen, der ständige Ideologie-Druck, die Allmacht des Staatssicherheitsdienstes, die vom Wirtschaftssystem auferlegte Kräftevergeudung am Arbeitsplatz, die tägliche Einkaufsmühsal, die Reisesperren.
Müßte nicht den Bewohnern der DDR ihre vielfältige Westberührung dies alles ein Stück leichter machen? Der Strom von Besuchern aus dem westlichen Deutschland wird immer noch stärker; und es sind nicht Fremde, die da kommen, wie in den anderen Ländern des Blocks, sondern Verwandte, Bekannte, mindestens Leute, die dieselbe Sprache sprechen. Nach Westen und zurück sind ständig

Zehntausende Rentner unterwegs; auch sie suchen Leute auf, die ihnen nahestehen, und daheim erzählen sie dann. Längst hat das westdeutsche Fernsehen die DDR mit Ausnahme von Zipfeln überdeckt und das östliche verdrängt. Was in der Welt vorgeht, erfahren die Deutschen drüben sofort und in Einzelheiten. Aber nicht nur, daß vielerlei Fäden die östlichen Deutschen mit den westlichen verbinden; die Bewohner der DDR wissen auch, daß der westliche deutsche Staat, wer immer ihn regiere, ihnen Erleichterung schaffen will.

Das alles sind Folgen der »deutschen Frage«, die so eine Frage der DDR wird. Wie sehr sich die Führung dessen bewußt ist, das zeigt ihre hohe Empfindlichkeit für jedes Wort, das in der Bundesrepublik mit dem Blick auf die DDR und ihre Bevölkerung gesprochen wird. Für Obrigkeit wie Untertanen drüben ist das westliche Deutschland die zweite Wirklichkeit.

Berührung mit dem Westen und Abstützung auf ihn erleichtern den östlichen Deutschen das Leben, lassen sie aber paradoxerweise die Lasten auf diesem Leben als noch drückender empfinden. Was kann die SED tun, dieses Druckgefühl zu vermindern und der Bevölkerung näherzukommen? Die materiellen Lebensverhältnisse kann sie in absehbarer Zeit nicht entscheidend verbessern, denn die Volkswirtschaft der DDR hat die Grenzen ihrer Leistungsfähigkeit – im geltenden System – erreicht. Sie braucht eine längere Periode der Konsolidierung; erst dann kann die Führung ihr neue, ehrgeizige Ziele setzen. Politische Auflockerungen in der DDR würde die Sowjetunion, die ohnehin Ost-Berlin wegen seiner Deutschland-Politik mißtrauisch beobachtet, kaum zulassen. Aber auch die SED fühlt sich für politische Reformen nicht sicher genug.

Indessen, vielleicht könnte die SED mit mehr Beweglich-

keit im Westreise-Reglement für die Bürger – das auch Teil der politischen Ordnung ist – wenigstens an einer Stelle eine Behelfsbrücke zur Bevölkerung schlagen, ihrem Staat, der manchmal wie eine Festung auf Treibsand aussieht, ein stabileres Fundament geben. Wer einmal im Jahr in die Bundesrepublik fahren darf, der wird, selbst wenn er davon nicht Gebrauch macht, das Gefühl des Eingesperrtseins verlieren, das so viel zum Abwanderungsdruck und zum Unmut über den Staat beiträgt. Er wird, wenn er die neue Freizügigkeit nutzt, realistischere Vorstellungen vom Leben im Westen bekommen und davon, was er hier auf sich zu nehmen hätte, wenn er bliebe.
Aber das Vertrauen in die Beständigkeit einer solchen neuen Ausreise-Politik würde nur langsam wachsen; eine lange Weile würden deshalb viele West-Fahrer nicht wiederkommen. Könnte die SED das hinnehmen? Und was würde das Moskauer Politbüro dazu sagen, daß es dann in Deutschland noch mehr (statt weniger) Bewegung gäbe?

Zwischen Deutschen und Polen
3. Dezember 1985

In diesen Monaten sprechen Westdeutsche und Polen mehr als sonst darüber, wie es zwischen ihnen steht. Im September trafen sich deutsche Polen-Kenner und polnische Deutschland-Fachleute in der Evangelischen Akademie Loccum; im November trat das »Forum Bundesrepublik Deutschland – Volksrepublik Polen« nach fünfjährigem Stillstand wieder zusammen, diesmal in Krakau. In Loccum wie in Krakau zeigte sich, wie schwierig der Dialog noch sein kann mit Leuten, die zur polnischen Obrigkeit gehören oder in ihrem Bannkreis stehen: da werden immerzu die Untaten des Hitler-Regimes gegen Polen heraufbeschworen; »Revisionismus in der Bundesrepublik« wird angeprangert. Der Bonner Regierung hält man vor, sie lasse Unklarheit über ihren Standpunkt zur polnischen Westgrenze. Gegenstand von Angriffen ist auch die Bonner Deutschland-Politik, weil sie die deutsche Frage offenhalten will. Sogar die westlichen Wirtschaftssanktionen gegen Polen nach der Verhängung des Kriegsrechts tauchen als Beschwerdegrund auf. Vorwürfe über Vorwürfe, Forderungen über Forderungen. Das sind Geduldsproben für westdeutsche Zuhörer.

Polen, die nicht zum Parteilager gehören – seien es Katholiken, seien es laizistisch Orientierte –, reden aufgeschlossener, verständnisvoller, kehren Gemeinsames hervor, wenngleich auch sie manchmal mißtrauische Fragen zum Grenzthema stellen.

Aber der Trennungsstrich zwischen beiden Gruppen auf der polnischen Seite läßt sich nicht schnurgerade ziehen. Denn auch unter den Parteileuten gibt es ein Gefälle von Ansichten und Stimmungen, wenn es ums westliche Deutschland geht. Hat einer scharf, angriffig gesprochen, kann es leicht vorkommen, daß darauf ein anderer zum selben Thema sich konzilianter einläßt oder daß er beinahe demonstrativ das Thema wechselt. Dabei verändert sich noch nicht die Richtung, aber die Atmosphäre entspannt sich. Solches Nuancieren läßt sich bis in die Reihen der Führung beobachten.

Wann immer Polen im Gespräch die düstere Vergangenheit hervorheben, gebietet es sich für Deutsche, ihnen zu sagen, daß wir dieses Kapitel der Zeitgeschichte nicht vergessen werden und daß wir es beklagen; daß wir Respekt haben vor allen im polnischen Volk, die ihre Bitterkeit nicht überwinden können. Aber wir müssen auch daran erinnern, daß es eine Kollektivschuld der Deutschen nicht gibt und daß es zu nichts Gutem führen kann, den Deutschen noch vier Jahrzehnte nach dem Ende des Nationalsozialismus die Verbrechen der Nationalsozialisten immer aufs neue anklagend vorzuhalten; daß ein Übermaß an Demutsbezeigungen den Charakter eines Volkes so wie den eines Menschen beschädigt. Wir müssen schließlich um der Wahrheit willen – die sich nicht teilen läßt – daran erinnern, daß viele Deutsche Opfer polnischer Sieger-Rache wurden.

Auf drängende polnische Fragen, wie wir es mit der Grenze hielten, können wir ohne Verlegenheit antworten: Am Vertrag von 1970 wird nicht gerüttelt; die polnische Westgrenze wird von Bonn nicht in Frage gestellt; der Friedensvertragsvorbehalt soll den Weg zu einer friedlichen, einvernehmlichen Wiedervereinigung der Deutschen in den heutigen zwei deutschen Staaten offenhalten. Daß es zwei deutsche Nationen gebe, glaubt in Polen ohnehin niemand.

Doch mehr als über Vergangenes und Festgelegtes sollten Westdeutsche und Polen darüber reden, was sie heute miteinander und füreinander tun können. Da kommt rasch zum Vorschein, wie nahe sie sich auf einigen Feldern schon gekommen sind. Der Reiseverkehr floriert. Von allen westlichen Ländern ist die Bundesrepublik für die Polen am leichtesten zugänglich. Deutsche Besucher in Polen finden sich von der Bevölkerung freundlich aufgenommen.

Der wissenschaftliche Austausch zwischen beiden Ländern sucht im Ausmaß wie in der Intensität seinesgleichen. Nirgends in Europa sind die Universitäten zweier Staaten zu beiden Seiten der Block-Grenze mit einem ähnlich dichten Netz von Fäden verbunden. Die katholische Kir-

che in Polen und im westlichen Deutschland hat zu einer Brüderlichkeit gefunden, die gelegentliche Meinungsverschiedenheiten nicht zerstören, nicht einmal stören können. Der Wirtschaftsverkehr ist rege; in Polen hoffen Regierung und Volk in ihren wirtschaftlichen Schwierigkeiten, daß die Bundesrepublik Möglichkeiten findet, ihn zu verstärken. Das ist eine polnische Sorge.
Eine deutsche Sorge knüpft sich daran, daß besonders in Oberschlesien Menschen, die sich als Deutsche fühlen, seit vielen Jahren erfolglos die Erlaubnis zur Ausreise in die Bundesrepublik erbitten. Bedrückende Schicksale sind darunter; den Betroffenen muß das abwertende Wort »Wohlstandsauswanderer« wie Hohn zum Unglück vorkommen. Wer seit dem Beginn der siebziger Jahre – noch als Berufstätiger – zwanzig, dreißig Ausreiseanträge gestellt hat und nun als Rentner aller Hoffnungslosigkeit zum Trotz damit fortfährt, der braucht sich nicht sagen zu lassen, ihn ziehe nach Deutschland allein oder vor allem die Aussicht auf Wohlstand.
Zusammenarbeit und Einvernehmen zwischen den beiden Staaten finden Grenzen an der verschiedenen Bündnis-Zugehörigkeit und an der Verschiedenheit der inneren Ordnungen. Doch in der polnischen Obrigkeit gibt es nicht nur solche, die das Hindernis am liebsten höher bauen möchten; andere suchen davon vorsichtig etwas abzutragen. Das Gespräch mit ihnen kann helfen, Deutsche und Polen einander näherzubringen.

V.
Polen
Zwischen Kirche und Kreml

Das bekannte Wort, die Sowjetunion habe sich nach dem Zweiten Weltkrieg im östlichen Teil Europas überessen, läßt vor allem an Polen denken. Diese selbstbewußte katholische Nation hat sich den Moskauer Herren von Anfang an nur an der Oberfläche gefügt. Darunter behielt sie ihren eigenen Willen, und der brach immer aufs neue durch. In Polen wütete der Terror gegen die »Klassenfeinde« etwas gehemmter als in der Nachbarschaft; in Polen erwies es sich als untunlich, das Oberhaupt der katholischen Kirche im Land abzuurteilen; und auch von der Welle der Prozesse gegen Parteiführer kamen dorthin nur Ausläufer. Die Polen erkämpften sich 1956 ihre private Landwirtschaft zurück. Die polnische kommunistische Partei war die erste, die ihren Führer selber bestimmte: Gomulka. Diesen Parteichef stürzte die Nation später, weil er ihr zu leninistisch verknöchert war; seinen Nachfolger Gierek vertrieb sie, weil er die Wirtschaft ruinierte. Mit der Gewerkschaft »Solidarität« drängten die Polen die kommunistische Partei zurück. Ihre Zuversicht, die Obrigkeit werde für immer auf die Hälfte der Macht verzichten müssen, war unrealistisch. Aber der Parteigeneral Jaruzelski konnte weder mit seinem Kriegsrechtsschlag noch danach mit einer Politik des vorsichtigen Einschnürens alles rückgängig machen, was die Nation im Aufbruch von 1980 und 1981 erworben hatte. In keinem Lande des sowjetischen Lagers gibt es heute so viel Freiheiten wie in Polen.

Wieder ist ein Gott gefallen
8. September 1980

Am 7. September 1980 stürzt in Polen der Parteichef Gierek unter dem Druck der Gewerkschaft »Solidarität«.

Betrachtet man den Sturz des Parteichefs Gierek nur im Zusammenhang mit der jüngsten polnischen Krise, so nimmt er sich aus wie der formale vorläufige Schlußstrich: Etwas ist passiert, das es in einem kommunistischen Land eigentlich nicht geben darf. Die Industriearbeiter, gestützt auf das ganze Volk, haben sich nicht nur mit einem Streik gegen die Obrigkeit erhoben, sie haben dieser am Ende brisante Zugeständnisse, wirtschaftliche und sogar politische, abgezwungen. Daß es dahin kam, dafür trägt der Parteichef die »Verantwortung« (was immer genau unter diesem Wort hier zu verstehen sei), und die Konsequenz kann nur sein, daß er sein Amt verliert.

Doch der Sturz des Parteichefs in einem kommunistischen Land ist, für sich genommen – gleich, welche Vorgeschichte er hat und in welchen Formen er sich vollzieht –, ein umwälzendes Ereignis. Im Parteichef verkörpert sich an höchster Stelle die Macht und zugleich ihr Mangel an Legitimität. Für einen kommunistischen Regierungschef werden noch, in Gestalt von Scheinwahlen und Scheinparlamenten, demokratische Attrappen aufgestellt. In ihnen sieht zwar das Volk nichts anderes als das, was sie sind; doch darauf kommt es nicht an in dem grotesken Als-Ob, mit dem kommunistische Herrschaft sich den Beherrschten präsentiert. Der Parteichef hingegen, der mächtigste aller Machthaber, wird vom Politbüro eingesetzt, und da gibt es keinen pseudodemokratischen Firlefanz mehr: Niemandem im Land soll ein Vorwand geboten sein für die Behauptung, die Macht des Parteichefs gehe aufs Volk zu-

rück und bedürfe deshalb zum Fortdauern auch der Zustimmung des Volkes.
Das nationale Politbüro bestimmt den Parteichef. Aber es braucht dafür die Zustimmung des Moskauer Politbüros. Parteichef soll nur werden, wem die Sowjetführung vertraut. Es scheint, daß der Rumäne Ceausescu ohne dieses krönende Vertrauen an die Spitze seiner Partei kam. Der alte Gheorghiu-Dej hatte, als er ihn zu seinem Nachfolger bestimmte, sich der Moskauer Befehlsgewalt schon ein Stück entzogen. Die Bestellung von Dubček in Prag andererseits war für die sowjetische Führung, darin fühlte sie sich nachher bestätigt, schon ein Stück Vorbereitung der »Konterrevolution«.
Wem Moskau sein Ja gegeben hat, der ist dann für seine Partei, für sein Land der Statthalter der Mutterpartei und des Mutterlandes. Er wird von Moskau ins Vertrauen gezogen, und sein Wort gilt dort etwas. Von seinem Politbüro und von Moskau erhoben: so ist denn der Parteichef eines kommunistischen Staates ein leninistischer Gott; sein Fall ist eine Götterdämmerung.
Es versteht sich von selbst, daß ein Parteichef möglichst lange an seinem Platz bleiben will. Die ihn dorthingestellt haben, teilen mit ihm dieses Interesse. Jeder Wechsel im höchsten Amt eines kommunistischen Landes schwächt im Volk das Bewußtsein der Dauerhaftigkeit kommunistischer Herrschaft, setzt Hoffnungen auf politische Veränderung frei und Energien, die zu betreiben. Noch mehr als die nationalen Politbüros ist die Moskauer Zentrale darauf bedacht, daß Parteichefs nur wechseln, wenn sich das als unumgänglich erweist. Solange es irgend geht, nimmt sie auch für ihre Zwecke unfähige oder sogar lästige Männer an der Spitze einer Partei hin. So erklärt es sich, daß im sowjetischen Lager Parteichefs in aller Regel nur im Zusammenhang mit krachenden Erschütterungen des Machtge-

füges stürzen. Die Ausnahme war Ulbricht, mit dessen Altersstarrsinn Breschnew schließlich auch bei großer Nachsicht nicht mehr zurechtkam.
Der Pole Gierek war nicht mehr zu halten – so sah es das Warschauer Politbüro, und das in Moskau erst recht. Das kommunistische Machtmonopol, das zu bewahren einem Ostblock-Parteichef als oberste Pflicht aufgegeben ist, begann zu zerbröckeln. Wer es dahin kommen läßt, dessen bloßes Verbleiben auf dem ersten Platz, und wäre es nur ein Verbleiben ohne wirkliche Macht, wird für die Obrigkeit im Lande und in Moskau zur Gefahr. Dabei ist freilich bis jetzt unklar, was Gierek mehr zur Last gelegt wurde: daß er mit einer falschen Wirtschaftspolitik oder mit nachlässigem Ausführen einer richtigen die Arbeiter zum Zorn und dann zum Streik geradezu getrieben habe oder daß er den streikenden Arbeitern nicht gleich zu Beginn härter entgegengetreten sei (im späteren Verlauf der Auseinandersetzung hatte Gierek offensichtlich seine Macht schon verloren). Das Warschauer Politbüro sucht den Blick auf die erstere Variante zu lenken, nicht zuletzt mit Korruptionsvorwürfen gegen einen Mann aus Giereks nächster Umgebung. Aber das mag zur Täuschung der Arbeiter bestimmt sein, die es schlecht aufnehmen würden, wenn die Obrigkeit die Zugeständnisse, die sie ihnen soeben gab, als Ergebnisse eines Mangels an leninistischer Wachsamkeit hinstellte.
Moskau möchte Polen jetzt mit fester, aber zugleich mit geschickter Hand regiert sehen. Lebens- und Parteiweg des neuen Parteichefs Kania, auch seine Rolle in den Streikwochen, weisen darauf hin. Giereks Nachfolger versteht sich auf das Hantieren mit dem Sicherheitsapparat; aber er scheint auch einen entwickelten Sinn dafür zu haben, wie man die polnische Nation an ihren neuralgischen Stellen heutzutage nicht anfassen darf. Daß er ein farblo-

ser Mann ist, kann Moskau nur für ihn einnehmen: Mit Parteiführern, die sich zu Beginn ihrer Zeit ein wenig wie Volkstribunen gaben, hat es in Polen nun zweimal ein schlimmes Ende genommen. Die Sowjetunion hätte dort gern mehr Ruhe, mehr Kontinuität, weniger Wechsel an der Spitze.

Wissen wir es besser als die Polen?
12. Januar 1981

Dramatischer Winter 1980/1981 in Polen: Verfall der kommunistischen Macht, Hunger, Kälte.

In Polen fehlt es an Kohle und Nahrungsmitteln, an Geld in der Staatskasse und an Devisen; eigentlich fehlt es an allem. Wie paßt es dazu, daß die Arbeiter immer aufs neue mit Streik drohen und die Drohung manchmal auch wahrmachen? Der jüngste Streitgegenstand ist der freie Samstag. Kann sich das wirtschaftlich darniederliegende Land eine Auseinandersetzung darüber leisten, die Folgen für Arbeit und Produktion auch an den übrigen Wochentagen hätte? Viele besorgte Fragen hören die Polen in diesen Wochen aus der westlichen Welt, und oft ist die Besorgnis mehr eine Umhüllung für Kritik, für Vorwürfe. Gut, daß wir nicht wissen, wie viele wichtige Männer der Wirtschaft in der Bundesrepublik, in Frankreich oder England am liebsten in die drohenden Alarmrufe aus Moskau oder Prag einstimmen möchten, so könne es in Polen nicht mehr lange weitergehen.

Auf solche Abwege kann kommen, wer den polnischen Aufbruch des Jahres 1980 nur aus dem Blickwinkel des

Ökonomischen betrachtet. Gewiß, die Streikbewegung in Danzig, von der alles seinen Ausgang nahm, erschien zunächst als Protest gegen schlechte wirtschaftliche Lebensbedingungen; aber von Beginn war sie auch politische Aktion. Walesa und seine Leute verlangten nicht nur eine bessere Versorgung mit Lebensmitteln, höhere Löhne, ein ordentlicheres staatliches Gesundheitswesen, sondern auch das Ende der Willkürherrschaft von Zensurbehörde, Geheimpolizei und politischer Strafjustiz, staatsbürgerliche Gleichheit für Anhänger des marxistischen wie des christlichen Glaubens, Fernsehsendungen der katholischen Kirche neben denen der Kommunistischen Partei. Die Parteiführung in Warschau hat solche Forderungen erst ignorieren wollen; doch als das nichts fruchtete, ging sie darauf ein. In dem berühmten schriftlichen Abkommen von Danzig, dem die Vereinbarungen von Stettin und Kattowitz nachgebildet sind, sicherte sie den Arbeitern auch innenpolitische Veränderungen zu. Wer diese Zugeständnisse als etwas Zweifelhaftes hinstellen will, weil sich ein kommunistisches Politbüro eigentlich gar nicht auf sie einlassen könne, der muß das ganze Danziger Abkommen für ein Stück wertlosen Papiers erklären – wovor sich nicht nur das Warschauer, sondern sogar das Moskauer Politbüro bisher hütet.
Aber freilich zögert die polnische Obrigkeit die Einlösung ihrer politischen Versprechen mit allerlei Vorwänden und Umständlichkeiten hinaus. Auch von den wirtschaftlichen Zusagen möchte sie manches abstreichen. In dieser Lage sucht die polnische Bevölkerung, die mit der Arbeiterklasse eins geworden ist, den Schwung der Bewegung vom Sommer und Herbst zu nutzen, ehe er im Zeitablauf und den materiellen Schwierigkeiten der Nation ganz verebbt ist. Was sie diesmal verfehlt, wird sie wohl lange entbehren müssen, denn entgegen böswilligem Gerede im Osten und

leichtfertigem im Westen stürzt die polnische Nation nicht wie trunken von einer Erhebung zur nächsten.
In ihrem Bestreben, den Erfolg von Danzig vor dem Versanden zu bewahren, mögen die Polen gelegentlich Realismus mit Unrealismus vermischen, mögen sie wirtschaftliche Forderungen stellen, denen nachzugeben die Kräfte des Landes überbeanspruchen würde. Aber wen überrascht das? Wir im Westen müssen achtgeben, daß wir die unter kommunistischer Zwangsherrschaft lebenden Völker nicht mit Maßstäben messen, welche zu unserer satten, bequemen Überflußwelt passen – Regeln, an die wir uns doch selber nicht halten. Welches Tun oder Unterlassen für einen Menschen sinnvoll ist, das hängt auch ab von seinen äußeren Möglichkeiten, so zu existieren, daß sich ihm der Sinn seines Lebens erfüllt. Die überwältigende Mehrheit der Russen, der Tschechen und Slowaken oder der Ostdeutschen arrangiert sich mit der Macht: Ist das einfach als Feigheit abzutun? Aber Sacharow, die Leute von der Charta-Bewegung in Prag, vereinzelte tapfere Männer und Frauen in anderen Ostblockstaaten widersprechen dem Unrecht der Mächtigen, offenbar ohne die Chance eines Erfolges: Sind sie darum Verrückte? Und war es Wahnsinn, daß sich die ungarische Nation 1956 erhob, daß die tschechische Intelligenz 1968 das spätstalinistische Regime stürzte, daß die Polen bisher dreimal revoltierten? Für den einzelnen endet das Unterfangen meist mit der Katastrophe; aber kann nicht dieser Ausgang für ihn menschenwürdiger sein? Was der ungarischen Nation heute als Erleichterungen zugestanden wird, das hat sie sich mit fürchterlichen Opfern 1956 erkämpft. Niemand weiß, ob nicht aus dem »Prager Frühling« den Tschechen und Slowaken eines Tages späte Früchte zufallen werden. Den Polen wird niemand ausreden, daß sie alles, was ihnen das Dasein erträglich macht, ihrem tätigen Mut verdanken.

So haben wir im Westen allen Grund, uns zurückzuhalten mit Urteilen darüber, ob vernünftig, realistisch, verantwortbar ist, was die polnischen Arbeiter, die Polen überhaupt jetzt tun. Hat nicht der Westen schon dem Kampf Walesas in Danzig wie dem zum Scheitern verurteilten Abenteuer eines Träumers zugesehen? Wenn der Westen es als seine Pflicht erkennt, den polnischen Arbeitern Rat zu geben, soll er es tun. Aber er muß sich davor hüten, den Polen Ordnungsrufe zu erteilen, die zuwenig bedacht sind oder, schlimmer, nur dem westlichen Bequemlichkeits-Bedürfnis entspringen oder, am schlimmsten, der Furcht, die Bewegung in Polen könnte den westlichen Völkern bestätigen, wie verkehrt ihre Regierungen sie bisher durch den Ost-West-Konflikt geführt haben.

Kommt Polen durch?
11. Juni 1981

Polen im Frühsommer 1981: marschiert die Sowjetunion ein?

In diesen Tagen schaut die Welt mit angehaltenem Atem auf Polen und befürchtet für das Land Schlimmes von der Sowjetunion. Da ist es nützlich, sich zu vergegenwärtigen, wie weit die heutigen polnischen Verhältnisse in der Sicht des Moskauer Politbüros vom Leninismus entfernt sind. Auf der ersten Stufe der Abweichung sahen die sowjetischen Führer Polen, als dort im vorigen Sommer die Partei das (ihr bis dahin nur von der Kirche für bestimmte Gegenstände und Situationen geschmälerte) Machtmonopol verlor, als in Gestalt der unabhängigen Gewerkschaft eine

neue Macht entstand und in den leeren Räumen, welche die alte Macht nicht mehr und die neue noch nicht ausfüllte, vielerlei spontane Kräfte auftraten.
Schon das war für die Sowjetführer ein schwer erträglicher Zustand; erträglicher hätte ihn nur die sichere Aussicht machen können, daß er nicht lange dauern werde. Es ist ungewiß, ob Moskau damals mit einem raschen Ende dessen rechnete, was es wohl als »polnischen Wirrwarr« empfand. Wahrscheinlich rechneten Breschnew, Suslow und Gromyko mit einer längeren Dauer. Doch hielten sie immerhin die polnische Partei für fähig, nach einer Zeit des Atemholens und Kräftesammelns eine Ordnung zu schaffen, die der unter Gierek oder Gomulka ähneln würde.
Die unabhängige Gewerkschaft wuchs und gab sich allmählich ein Gerüst an Organisation; bald trieb sie die Partei in die Enge. Die mußte nun froh sein, daß die von ihr beargwöhnte Kirche sich als dritter Machtfaktor hinzugesellte, zwar auf der einen Seite die neue Gewerkschaft stützte, von dieser aber andererseits auch Machtverzichte, Verzichte auf Machtproben verlangte. Doch das Entscheidende war nun in den Augen der Moskauer Führer nicht mehr das Ringen zwischen der Partei und den beiden nichtleninistischen Machtzentren, sondern der rapide Verfall des organisierten Leninismus. Das Parteivolk lief den Führern buchstäblich davon. Auch die oberen Ränge wurden ausgedünnt: der Hofstaat um den gestürzten Partei-Monarchen Gierek verschwand; und die neuartige Freiheit im Lande, hohen Partei-Leuten Korruption öffentlich vorzuwerfen, riß weitere Lücken. Nach einer Weile fanden die Nachfolger des Gierek-Regimes es ratsam, wenigstens einige der Führer zu entfernen, die Reformpolitik als ein Zurückgehen hinter Gierek betreiben wollten.
Die zerbröckelnde Partei – das war für die Sowjets die zweite Stufe der polnischen Abweichung. Sicher haben sie

die Möglichkeit erwogen, daß die polnische Partei sich selbst wieder aufrichte. Indessen muß es sie gedrängt haben einzumarschieren, den nichtkommunistischen Faktoren die Macht zu nehmen und die Partei selbst neu aufzubauen. Doch freilich kannten sie auch die Gefahren eines Einmarsches, die polnischen wie die weltpolitischen. Die Abwägung in Moskau fiel zugunsten von Einwirkungen unterhalb der Schwelle nackter militärischer Gewalt aus: politischer Druck auf die Führung, Drohungen gegen die ganze Nation, Unterstützung der sogenannten gesunden Kräfte.

Aber diese Mittel haben nicht einmal den Zustand festzuhalten vermocht, daß in Polen ein gespaltenes Politbüro ohne intakten Partei-Unterbau das Land in einem Ketten-Kompromiß mit anders als leninistisch inspirierten Kräften über die tiefsten Abgründe der Wirtschaftsmisere hinwegzubringen versucht. Die Krise der Partei ging nicht nur weiter, sondern auch tiefer und hat nun den sich auflösenden Organismus an einen Punkt geführt, an dem er nicht mehr weiter zerfällt, sondern sich neue Gestalt und vor allem neuen Inhalt geben will. Das Ereignis, das in diese Richtung drängt, liegt in der Zukunft: es ist der außerordentliche Parteikongreß, den die Führung Kania-Jaruzelski für Mitte Juli einberufen ließ. Bei den Vorbereitungen für diesen Kongreß geht es nicht leninistisch zu. Die Betriebsgruppen der Partei wählen Delegierte, die ihnen passen; das sind ganz überwiegend reformerisch gesinnte Leute.

Aus dem ganzen Land kommt fast einhellig das Verlangen, der Parteitag solle in aller Form Schluß machen mit der alten, gegenüber dem Volk verschlossenen Macht- und Privilegienpartei und eine neue Partei schaffen, die Polen aus Polizeiwillkür und Mißwirtschaft herausführt. Die Führung Kania-Jaruzelski nimmt den Ruf auf. Nun ist

es nicht länger Zerfall, Auflösung, Unordnung, was das Moskauer Politbüro befürchtet, sondern das Gegenteil: die Neubegründung des polnischen Kommunismus auf dem Boden des Einvernehmens mit der Nation. Wenn der außerordentliche Parteitag diesen Weg weist, wenn die Gruppe um Kania und Jaruzelski ihn mitgeht, dann hätte in den Augen der Sowjets Polen die dritte Stufe der Abweichung hinter sich.
Werden die Sowjets darum diesen Parteikongreß erst gar nicht zulassen? Werden sie sogar zur Gewalt greifen? Die Gefahr ist groß wie nie seit dem Beginn der polnischen Reformbewegung. Manchen hier im Westen wundert es, daß Walesa gerade jetzt Zeit hat für Auslandsreisen. Doch vielleicht ist das sorgfältig bedacht. Die polnischen Risiken, die Moskau bei einem Gewaltstreich einzugehen hätte, sind heute nicht geringer als vor einem halben Jahr. Die internationalen Risiken aber lassen sich sogar noch vergrößern. Daran freilich kann die polnische Nation nur erinnern; zu warnen, abzuschrecken ist Sache des Westens. Und die Sache hat noch Sinn. Der Einmarsch ist nicht ein über Polen verhängtes Schicksal.

Abdichtungs-Arbeiten in Osteuropa
3. August 1981

Im Sommer 1981 werden die Führer der Nachbarländer wegen der unleninistischen Entwicklung in Polen nervöser.

Noch weiß niemand, wie es in Polen und mit Polen weitergehen wird; doch im ganzen Sowjetblock sind schon längst Eindämmungsarbeiten im Gang. Sie sollen zum einen die Veränderungen, die Abweichungen vom sowjetkommunistischen Modell, begrenzt halten, zum anderen deren Übergreifen auf weitere osteuropäische Länder verhindern. Solches Abdichten betreibt nicht nur Moskau, das sein Lager nicht dem Zerfall preisgeben möchte; auch die Parteiführungen in den anderen Block-Staaten beteiligen sich daran, die bei sich alles andere wollen als polnische Verhältnisse.

Dabei verblassen die komplizierten innen- und außenpolitischen Unterschiede im Block: Gegen das Einsickern polnischer Ideen oder gar Praktiken in ihre Länder baut nicht nur Honecker in Ost-Berlin vor oder Husak in Prag, sondern auch der Ungar Kadar, der sich, wenn man von Polen absieht, in seiner Innenpolitik am weitesten vom sowjetischen Vorbild entfernt, der am meisten dafür getan hat, explosive Unzufriedenheit der Bevölkerung erst gar nicht entstehen zu lassen. Ebenso der Rumäne Ceausescu, der im Ostblock am offensten einer militärischen Intervention in Polen warnend widersprochen hat. Sogar der Bulgare Schiwkow, der, wann immer in Osteuropa es in einem Lande gärt, für seine Bevölkerung am wenigsten Anstekkungsgefahr sieht.

Die Vorkehrungen sind vielgestaltig, sie reichen vom Materiellen bis in die Ideologie. Auffällig bemühen sich seit dem vorigen Sommer alle osteuropäischen Führungen, die

Versorgung mit Nahrungsmitteln und mit den Waren des täglichen Gebrauchs zu verbessern, wenigstens aber nicht noch schlechter werden zu lassen. Das ist keine leichte Aufgabe zu einer Zeit, da die Ostblockstaaten von ökonomischen Sorgen bedrängt sind. Die Sowjetunion erhöht ihnen die Rohstoffpreise; im Westen bekommen sie wegen Überschuldung nur noch schwer Kredite; die Staatshaushalte sind überbelastet vom Subventionieren des Grundkonsums der Bevölkerung; und die Arbeitsproduktivität bleibt gering. Doch die Führer Osteuropas wissen, welche Rolle Versorgungsmängel bei der polnischen Unruhe spielen.

Sicherlich hätte das sowjetische Politbüro es den Polen gegönnt, daß sie unter der von ihm mit Mißtrauen betrachteten Führung Kania/Jaruzelski wenig zu beißen hätten. Doch Breschnew, Gromyko und Suslow erkannten auch, daß in einer Hungerkatastrophe Polen ganz aus den Block-Fugen geraten könnte. So erklären sich die Hilfelieferungen und Hilfezahlungen der sogenannten Bruderländer an Polen. Wie man sieht, bleiben sie weit hinter dem, was Polen braucht. Aber vielleicht wären die Brüder, die selber allesamt immer mehr aus dem Leeren schöpfen, zu mehr gar nicht imstande.

Ein Zweites haben die Politbüros in Osteuropa begriffen: Der polnische Umschwung begann damit, daß Millionen Arbeiter sich eine neue, eigene Gewerkschaft schufen und die vom Regime beherrschte alte verließen. Indessen, die Folgerungen, die sie daraus ziehen, sind schmal. Überall im Ostblock, von Rumänien bis nach Litauen und in die Ukraine, wird jetzt davon gesprochen, welch wichtige Funktion die Gewerkschaft habe, daß sie die berechtigten Interessen der Arbeiter wahrnehmen müsse. Aber da die Partei-Oligarchie allein entscheidet, welche Interessen der Arbeiter berechtigt sind, und da außerdem die Gewerk-

schaften erklärtermaßen vor allem dem Staat zu dienen haben, werden die Proklamationen in der Bevölkerung wenig Widerhall finden. Hier steht sich die leninistische Obrigkeit mit ihren Dogmen selber zu sehr im Weg, als daß sie etwas verbessern könnte.
Mehr Bewegungsraum besitzt sie an einer anderen empfindlichen Stelle. Der polnische Aufbruch ist schwer denkbar ohne die Kirche, die ihn stützte, sicherte, zeitweise ihm auch die Orientierung gab. Spätestens seit 1956 wissen die Sowjets, welche Macht die katholische Kirche in Polen bedeutet; heute ist es ihnen noch deutlicher. In keinem anderen kommunistischen Land hat eine Kirche vergleichbares Gewicht. Aber der Fall Polen müßte den kommunistischen Obrigkeiten auch anderswo in Osteuropa Anlaß sein, über ihre Kirchenpolitik nachzudenken. Soweit man es bisher übersehen kann, sind die Ergebnisse des Nachdenkens unterschiedlich. In der Tschechoslowakei nimmt der Druck auf die katholische Kirche eher noch zu. In Ungarn hingegen will offenbar Parteichef Kadar von einer sich abzeichnenden härteren Politik gegenüber Abweichungen vom Marxismus-Leninismus die Kirche ausnehmen – die, genau besehen, ja die größte Versammlung von ideologischen Abweichlern darstellt.
Doch nicht nur gegen heimische, sondern auch gegen äußere Kräfte suchen die kommunistischen Regime ihre Länder jetzt zu sichern. Die politische Polizei hat überall ein schärferes Auge auf Westkontakte. Und noch mehr als gegen den Westen schirmen sich die Staaten des sowjetischen Lagers gegen das ihnen fremd und unheimlich gewordene Polen ab.
Das alles sind Flickarbeiten fürs allernächste. Sie liegen im Interesse der sowjetischen Partei wie auch der kleineren im Lager. Über ein langfristiges Konzept für die »sozialistische Gemeinschaft« könnten die Ansichten schon eher

auseinandergehen. Aber ein solches Konzept haben die Moskauer Herrscher nicht. Sie scheinen ziemlich ratlos zu sein. Die Erinnerung an die letzten drei Jahrzehnte in Osteuropa muß sie beklommen machen: eine Eruption nach der anderen; kein Land, das nicht versucht hätte, zu sich selbst zu kommen; keine Nation, auf die Verlaß wäre.

Der Kriegsherr und der Primas
16. Dezember 1981

Am 13. Dezember 1981 verhängt der polnische Staatsrat das Kriegsrecht und verbietet die Gewerkschaft »Solidarität«.

Die unabhängige Gewerkschaft »Solidarität« ist verboten. Damit reduziert sich das polnische Machtdreieck einstweilen auf ein einfacheres System, Pol und Gegenpol: hier die kommunistische Obrigkeit mit dem Instrument der Armee, dort die katholische Kirche.
Auf den ersten Blick scheint es im einfacheren System für beide Teile leichter zu sein. Auch früher, vor dem August 1980, standen sie sich, mit großer Distanz, allein gegenüber. Die Interessensphären waren abgegrenzt. Die Kirche verlangte, daß ihr das zur gesicherten Existenz Notwendige gelassen werde, und sie bestand auch darauf, daß sie mit dem Volk leben dürfe und nicht in einem Käfig fern vom Volk verdorren müsse. Das gestand ihr das Regime zu, wenn auch mit Schwankungen. Die politische Ordnung im Land mit ihren Institutionen und Mechanismen aber und die Wirtschaft waren Monopol des Staates. Da redete die Kirche, von einigen Grenzfällen abgesehen, nicht hin-

ein. Sie hielt sich schon deshalb zurück, weil sie für eine solche Ordnung und eine solche Politik nicht mitverantwortlich sein wollte.
Dem Staat wäre es ohne Kirche wohler gewesen. Aber da sie nun einmal da war, nahm er die für ihn erträgliche Macht-Teilung hin. Glaubt er nun, dieser Zustand von vorgestern lasse sich wiederherstellen, träumt er von den letzten fünfziger, den sechziger und siebziger Jahren? Die Kirche wiederum hat seit dem Sommer 1980 gesehen, wie schwierig es sein kann, zu dritt die Macht zu besitzen. Sie hat auch erfahren, wie kompliziert es war, mit der Gewerkschaft »Solidarität« umzugehen, deren Führung doch zum größten Teil aus treuen Katholiken besteht. Ob also etwa auch die Kirche sich im stillen die einfacheren Verhältnisse von früher zurückwünscht?
Beidem steht eine Wirklichkeit entgegen: Es kann zwischen Staat und Kirche in Polen nicht mehr so werden, wie es vor dem August 1980 war. Mit dem Verbot von »Solidarität« ist die weltliche Repräsentation der überwältigenden Volksmehrheit ausgeschaltet. Die Kirche kann gar nicht anders, als in die Lücke zu treten und für die Nation zu sprechen. Die Kirche wird freilich »Solidarität« längst nicht in allem ersetzen. Sie wird mit der Regierung nicht über das Wirtschaftssystem, über Preise und Löhne, über die Versorgung, über Personalpolitik im Staatsapparat verhandeln. Dazu fühlt sie sich nicht berufen. Aber einige Grundforderungen der Nation wird sie vertreten.
Der Primas, Erzbischof Glemp, hat damit schon vor dem Verbot der unabhängigen Gewerkschaft begonnen, als er das Parlament davor warnte, die vom Zentralkomitee der Partei verlangten Ausnahmegesetze zu beschließen. Er ist damit gescheitert – nun hat die Parteiführung, als Generalität verkleidet, ein viel tiefer einschneidendes Ausnahmerecht verhängt. Seine erste Predigt nach dem Gewalt-

streich des Kriegsherren Jaruzelski läßt Unsicherheit darüber erkennen, was die Kirche jetzt tun solle. Der Primas prangert das Unrecht an, unter dem die Nation seit dem letzten Sonntag leben muß. Aber er beschwört die Polen, sich nicht der physischen Übermacht der Herrscher entgegenzuwerfen. Das wäre nur der dringliche Rat, einen aussichtslosen Kampf zu lassen. Aber Glemp weiß, daß für viele Polen Aussichtslosigkeit kein genügender Grund ist, auf den Kampf zu verzichten. So fügt er einen Ausblick in eine bessere Zukunft an: Dereinst, wenn das Kriegsrecht vorbei sei, werde jeder Pole zum Wiederaufbau gebraucht. Wiederaufbau – damit kann der Primas nicht die Wiederherstellung der Zustände unter Gierek gemeint haben und auch nicht eine Wiederholung der quälenden Reformperiode ohne wirkliche Reformen.

So weit schauen wohl nur wenige Polen in die Zukunft. Das Volk erwartet von der Kirche, daß sie sein Los heute wenn nicht wende, so doch erleichtere. Aber welche Wege stehen der Kirche dazu offen? Gewalt hat die Kirche verworfen. Passiven Widerstand will die Staatsmacht mit Gewalt brechen. Appellen der Kirche wird sich eine Obrigkeit, die das Land in das Abenteuer des Kriegsrechts gestoßen hat, wahrscheinlich selbst dann verschließen, wenn sie selber nicht mehr weiter weiß. Und was sollte die Kirche dem Staat anderes sagen, als daß er den Krieg mit dem Volk abbrechen möge. Das aber will Jaruzelski nicht.

In ihrer Ratlosigkeit mag die Kirche in Polen auf den polnischen Papst hoffen. Der hatte die Sowjetführer wissen lassen, bei einem Einmarsch werde er in seine Heimat zurückkehren. Und im nächsten August wollte er wieder nach Tschenstochau zur Wallfahrt kommen. Der sowjetische Einmarsch ist ausgeblieben; und nach Tschenstochau wird die Warschauer Obrigkeit den Papst so rasch nicht lassen – sie liefe dann Gefahr, daß ihre nun verhaßte

Macht in einer Prozession von Millionen unterginge. Für das aber, was nun in Polen ist, hat auch der Papst kein Mittel – außer dem Gebet. Er überläßt offenbar dem Primas die Entscheidung. Der lebt im Lande und weiß noch am ehesten, was möglich ist.
Wahrscheinlich wird die Kirche sich zunächst um die Verhafteten bemühen. Im übrigen wird sie abwarten, was der Kriegszustand dem Volke auflädt und wieviel das Volk zu tragen bereit ist. Aus diesen beiden Faktoren kann sich bald ergeben, was die Kirche zu tun hat. Denn das Volk in drängender Not allein lassen, das wird sie nicht.

Was Jaruzelski zustatten kommt
4. Februar 1982

Schwierig ist, was sich der Parteigeneral Jaruzelski im Auftrag des Moskauer Politbüros vorgenommen hat; doch mehrerlei kommt ihm dabei zustatten. Da ist zunächst der strenge Winter, der in einem bis zum äußersten verarmten Land die Energie der Bevölkerung auf das zum Durchkommen Nötigste hin-, damit aber von den öffentlichen Angelegenheiten ablenkt. Und da ist vor allem der psychische Bruch, den das polnische Volk erfuhr, weil es sich über die Armee getäuscht hatte. Denn dies gehörte vor dem 13. Dezember 1981 in Polen zu den wenigen unumstößlichen Gewißheiten: Die polnischen Streitkräfte seien für eine Niederwerfung des Volkes nicht verfügbar; die Führung könne sich bei einem Gewaltakt nur auf die diversen Spezialtruppen des Staatssicherheitsdienstes, des Grenzschutzes, der Polizei stützen.

Es ist schade, daß die Kriegsrechtsverhältnisse in Polen es unmöglich machen, den Wurzeln dieses Irrtums genauer nachzugehen, jetzt, da sich Bewußtsein und Stimmungen in der Zeit vor dem Schlag noch halbwegs zuverlässig festhalten ließen. So ist man aufs Nachdenken angewiesen. Es führt zuallererst zum Begriff des Nationalstolzes. Die polnische Nation, vom Moskauer Leninismus überfremdet, konnte sich zwar auch nach 1945 immer in ihrer Kirche wiedererkennen. Doch die Polen wollten, daß auch von ihrem Staat etwas zu ihnen gehöre, also polnisch sei. Das konnte nur die Armee sein. Sie besitzt eine ruhmreiche Tradition. Gewiß, sie ist nun in die sowjetische Militärmaschine eingefügt, und an ihrer Spitze stehen Parteileute. Aber haben die sich nicht schon mehrmals seit 1945 als gute Polen zu erkennen gegeben? Und besteht nicht die Armee vor allem aus den Rekruten, aus der polnischen Jugend also – die weder für die Sowjetunion noch für den Kommunismus etwas übrig hat und zur Kirche hält?

So etwa müssen die Polen gedacht haben, wenn sie vor dem Gewaltstreich Jaruzelskis überlegten, was sie von wem zu befürchten hätten. Der eine Fehler war, daß sie übersahen (vielleicht übersehen wollten), wie tief das polnische Offizierskorps nicht nur in die Disziplin, sondern durch lange Ausbildung an sowjetischen und auch ostdeutschen Militärakademien in die Solidarität und die Kameraderie der Ostblock-Streitkräfte eingefügt ist. Der zweite Fehler hat mit dem ersten zu tun: Die Gefühlswelt der Wehrpflichtigen wurde in ihrer Bedeutung überschätzt. Sicherlich sind die Polen inzwischen dabei, ihr Bild von der Armee der Wirklichkeit anzupassen; das mag ein schmerzhafter Prozeß sein. Aber die Verzweiflung, die Millionen überkommen sein muß, als die Armee dem Unterdrücker Jaruzelski gehorchte, wird das polnische Volk noch eine Zeitlang lähmen.

Das ist ein innenpolitischer Faktor, der Jaruzelski einstweilen hilft. Von draußen kommt dazu die geringe Bereitschaft, für Polen etwas zu tun. Was eine Politik bedachter Sanktionen gegen die Sowjetunion hätte sein müssen, ist zu einem Zankapfel des westlichen Bündnisses geworden. Die Völker sind nicht anders als ihre Regierungen: Sie lassen sich für Polen nicht in Bewegung bringen. Fast alle öffentlichen Kundgebungen gegen die Kriegsherrschaft Jaruzelskis sind wegen kläglich geringer Beteiligung Mißerfolge geworden – denn was sonst ist es, wenn in München, Rom oder Paris fünfhundert oder tausend Leute mit einem Umzug Freiheit für die Polen verlangen, wo sonst leicht Zehntausende wegen der Türkei oder Nicaragua, Zehntausende wegen eines Flughafenausbaus zusammenzubringen sind und Hunderttausende für eine der Sowjetunion nützliche Vorstellung von Frieden und Verteidigung.

Wie erklärt sich solche Verweigerung? Bürgerliche demonstrieren nicht. Aber auch die Arbeiter wollen sich für Polen nicht engagieren. »Unsere Protestdemonstrationen für Polen waren ein Reinfall«, kann man von Funktionären der Kommunistischen Partei Italiens hören. Es zeigt sich, wie fern Osteuropa heute dem Westen ist.

Mit diesem Vorteil hatte Jaruzelski kaum gerechnet. Einen anderen hat er sich selbst beschafft: Er hat die polnische Nation so weit ins Bodenlose gestoßen, daß er nun viel Spielraum hat für Erleichterungen, die er gewähren kann wie Geschenke. Wenn die Freiheit auf den Punkt Null gesunken ist, nehmen sich selbst kleine Lockerungen riesig aus. Aber da liegt auch die Gefahr für Jaruzelski, daß mit der Wiederherstellung einiger Freiheiten die gelähmte Gegenkraft, das Volk, wieder zum Mut und zum Handeln findet. Immer kam im kommunistischen Osteuropa das Aufbegehren, wenn das Leben etwas leichter

wurde. Das müßte Jaruzelski raten, die Schraube nur langsam und nur um wenige Umdrehungen zu lockern.
Doch wenn der Druck fortdauert, sammelt sich im Volk der Haß, der eines späteren Tages ausbrechen wird. Auch läßt sich im halben Kriegszustand nicht, wozu die Sowjetunion heftig drängt, die Wirtschaft aktivieren. Sie aber ist für das niedergeworfene polnische Volk das Feld, auf dem es Jaruzelski seinen Gewaltstreich am leichtesten vergelten kann. Die Sabotage in vielerlei Formen wird wahrscheinlich erst nachlassen, wenn die Zustände in Polen normaler sind. Aber wenn die Wirtschaft produktiver wird, wächst das Selbstbewußtsein der Arbeiter. Kommt Jaruzelski eines Tages dorthin, wo Gierek im Sommer 1980 stand? Es ist ein Teufelskreis, den eine Diktatur schwer wird durchbrechen können.

Polen in der »Normalisierung«
4. Mai 1983

Im Dezember 1982 hatte die polnische Obrigkeit das Kriegsrecht ausgesetzt.

Wenn in einem Staat des sowjetischen Reiches eine Erhebung niedergeschlagen ist, beginnt das, was die sowjetkommunistischen Herrscher »Normalisierung« nennen. Das ist immer ein langwieriges Verfahren, und es fängt jedesmal mit dem wichtigsten Teil an: Die Partei, die sich vor oder inmitten der Eruption verändert hat, wird wieder in die leninistische Ordnung gebracht. So war es einst in Ungarn, später in der Tschechoslowakei, und so ist es heute in Polen. Diesmal freilich erscheint es am Ende nicht

notwendig, der Partei ein neues, nach leninistischen Grundsätzen legitimes Haupt zu geben. Das Haupt ist da: Jaruzelski.
Daß dieser auch der oberste Soldat des Landes ist, hat zu der Deutung verleitet, der polnischen Partei fehle seit seiner Berufung die Spitze, seit dem Oktober 1981 leite der Herr über die Armee auch die Partei, stehe also Polen unter der Herrschaft nicht der (zivilen) Parteigewalt, sondern des Militärs. Aber das ist ein Irrtum. Jaruzelski führt als Parteichef die Armee und nicht als Armeechef die Partei. Die Legitimation seiner umfassenden Gewalt über das kommunistische Polen bezieht er daraus, daß er in langsam wachsendem Maße – zusammen mit dem sich regenerierenden und reaktivierenden Warschauer Politbüro – das Haupt der Partei ist. Er wirkt im Sinne der Moskauer Zentrale. So ist nun, in der »Normalisierung«, an seinem Platz kein Wechsel fällig.
Die Partei hat also eine Spitze, und das genügte, ihre Existenz aufrechtzuerhalten. Manchesmal schon haben in besonderen Situationen sowjetkommunistische Parteien nur aus einer Führung bestanden. Doch freilich, eine Partei, die ihr Land »normalisieren« will, muß auch darauf sehen, daß sie wieder in genügender Zahl einen Unterbau bekommt. Den braucht sie zur Besetzung aller auch nur halbwegs wichtigen Positionen im Staatsapparat (wozu der gesamte Wirtschaftsapparat gehört), zur Unterstützung der »Sicherheitsorgane«, vor allem der Geheimpolizei, und schließlich zum Erzeugen und Aufrechterhalten einer kommunistischen Atmosphäre im Land: Die Bevölkerung soll beständig spüren, daß sie in einem leninistischen Staat lebt.
Der polnischen Partei fällt es sichtlich schwer, ihre darniederliegende Basis-Organisation wiederzubeleben. Doch der Auftrag ist zu bewältigen. Es geht nicht darum, daß die

Partei Hunderttausende oder gar Millionen Polen finden müßte, die aus kommunistischer Überzeugung bereit sind, als Mitglieder und kleine Funktionäre zu wirken. Einer regierenden kommunistischen Partei genügt es schon, wenn sie ein Parteivolk hat aus Leuten, welche die Politbüroherrschaft, das Machtmonopol der Parteiführung wollen, weil sie daran teilzuhaben glauben, welche außerdem für das Privilegienwesen des kommunistischen Staates sind, weil sie daran tatsächlich teilhaben, und welche schließlich die Oberherrschaft der Sowjetunion über ihr Land billigen, die Machtmonopol und Privilegien garantiert. Ein solches Fußvolk bekommt die polnische Parteiführung mit der Zeit sicherlich wieder in genügender Zahl zusammen. Zur Normalisierung gehört auch, daß die Parteiführung sich jetzt wieder der üblichen Vollzugsorgane bedienen kann: der Polizei in ihren verschiedenen Formationen. Ein Jahr lang, von der Ausrufung des Kriegszustandes bis zu seiner Suspendierung, hat das Militär bei der Unterdrükkung des Volkes aktiv mitgeholfen. Bei längerem Einsatz hätte die Zuverlässigkeit der Rekruten ungewiß werden können. Nun wird die Armee als Reserve im Hintergrund gehalten.
Der in ihren wichtigsten Elementen vorhandenen und auch aktionsfähigen Partei steht keine politische und physische Gegenmacht mehr gegenüber. Die unabhängige Gewerkschaft »Solidarität« ist zerschlagen; Bruchstücke von ihr, die im Untergrund weiterarbeiten, bringen hier und da kleine oder größere Volksmengen zu Demonstrationen auf die Beine. Doch auf die Dauer können sie ebensowenig bewirken wie der wieder auf seinen Arbeitsplatz in der Danziger Lenin-Werft verwiesene Gewerkschaftsführer Walesa. An ein Wiedererstehen der »Solidarität« ist auf lange Zeit nicht zu denken. »Es gibt kein Zurück in die Vergangenheit«, hat Jaruzelski dazu gesagt.

So bleibt neben der Partei nur die Kirche. Doch sie versteht sich nicht als politische, sondern als religiöse und geistig-moralische Institution. Ihr liegt es fern, um politische Macht zu kämpfen. Die Kirche vermag sich und ihren Einfluß im Volk zu behaupten. Aber die Gewerkschaft »Solidarität«, die einst mit ihrem Zuspruch entstanden war, könnte sie auch dann nicht ins Leben zurückführen, wenn sie das wollte. Die katholische Kirche bleibt der große, übermächtige Gegner der Partei im Ringen um die Seele der Nation; auf dem Felde der politischen Macht setzt sie der Partei nur äußerste Schranken: Durch ihre bloße Existenz hindert sie die kommunistische Obrigkeit daran, Polen ganz so einzurichten, wie die sowjetleninistischen Prinzipien es eigentlich verlangten. Aber die Kirche tritt nicht als Faktor mit eigenen politischen Ansprüchen auf. Die Partei, so geschwächt sie sein mag, hat das Monopol der politischen Macht.
In solcher Lage ist keine Aussöhnung zwischen Partei und Nation möglich, keine Befriedung. Unerreichbar ist unter diesen Umständen auch eine wirtschaftliche Besserung, die das Land aus der drückenden Armut herausführte. Aber ein kommunistisches Regime kann für lange Zeit auch ohne das auskommen. In Polen freilich – das ist dessen Besonderheit – braut sich schon in der »Normalisierung« der nächste Aufbruch zusammen.

Die Botschaften des Papstes
24. Juni 1983

Im Juni 1983 besucht der polnische Papst zum zweitenmal seine Heimat.

Dies war die wichtigste von allen Reisen, die Johannes Paul II. bisher unternommen hat. Die polnische Nation, im Dezember 1981 niedergeschlagen, seither niedergehalten und gedemütigt, hat sich im Angesicht des Papstes und in Gemeinschaft mit ihm moralisch wieder aufgerichtet. Bei den Feiern in Tschenstochau, Breslau oder Krakau, als Hunderttausende sich zusammenfanden, erlebten sich die Polen wieder als Volk – und für jeweils einige Stunden fühlten sie sich sogar der Fesseln ledig, in die sie seit zweieinhalb Jahren eingebunden sind.
Das Freiheitsgefühl konnte den Aufenthalt des Papstes in Polen nicht überdauern, vom Selbstgefühl hingegen wird die Nation lange zehren können. Aber Johannes Paul II., der es belebt hat, wollte die Polen auch davor bewahren, daß sie, damit gestärkt, auf Wege aufbrechen, die nur noch weiter abwärts führten. Bis an die Grenze der Selbstverleugnung hat er zu verhindern versucht, daß die Volksmenge um ihn in einem trügerischen Kraftgefühl ihren Wünschen, gar ihren Abneigungen freien, hörbaren Lauf lasse. Und er hat seinen Polen den inständigen Rat für die kommenden Jahre mitgegeben, sie sollten sich nicht in einen sinnlosen Widerstand stürzen. Er kennt die polnische Neigung, sich zur Rettung der Ehre aufzuopfern, und will sein Volk davor bewahren, sich in einem aussichtslosen Dauerkampf mit der übermächtigen Obrigkeit zu verschleißen.
Aber nicht nur der Nation, auch ihren Beherrschern hatte er etwas zu sagen. Das Warschauer und das darüberste-

hende Moskauer Politbüro hat er vor dem Irrtum gewarnt, sie könnten auf dem Wege, der für sie den Namen »Normalisierung« trägt, Schritt für Schritt weitergehen. Dazu bedurfte es nicht vieler Worte. Der Papst brauchte fast nur auf die unabsehbare Menge von Gläubigen zu weisen, die jedesmal um ihn zusammenströmte, um die Herrscher über sein Land daran zu erinnern, daß Polen, wo einst sogar der Stalinismus sich widerwillig mit einem eingeschränkten Programm begnügen mußte, kein Ostblock-Land ist wie andere. »Wenn Ihr diesem Volk zu viel zumutet, wird es ein Unglück geben, auch für Euch« – das schien der Papst den Gebietern über sein Land signalisieren zu wollen.

Den Parteigeneral Jaruzelski im besonderen mahnte Johannes Paul II., er möge es sich nicht als Errungenschaft zugute schreiben, wenn er hier und da ein Stückchen von dem gewalttätigen Zwang wegnehme, den er selbst über das Land gelegt hat. Im Verständnis des Papstes erfüllt Jaruzelski seine Pflicht nur dann, wenn er sich wieder den Vereinbarungen zuwendet, die im Sommer 1980 Staatsmacht und Arbeiterschaft zunächst in Danzig und dann an anderen Orten geschlossen haben.

Hier liegt der Kern dessen, was der Papst der Warschauer Obrigkeit sagen wollte. Er ist davon überzeugt, daß die Staatsmacht Polen so lange nicht aus dem Abgrund herausführen kann, wie sie ausschließlich als Obrigkeit handelt. Ein Einvernehmen zwischen Volk und Staatsgewalt ist notwendig, und damit es dazu komme, muß es zwischen beiden wieder einen Dialog geben. »Dialog« – dieses Wort kehrte in jeder Rede, in jeder Predigt des Papstes mehrfach wieder; es ist der Schlüsselbegriff des Entwurfes für eine Besserung in seinem Land, den er den weltlichen Herrschern darbot.

Wer sich am Dialog beteiligen soll, der muß eine Stimme

haben; andernfalls spricht von den zweien nur der eine. Wer soll aber nun die Stimme des polnischen Volkes sein? Der Papst sprach von »Strukturen der Teilnahme« – eine etwas blasse Formel, die manche Deutung zuläßt. Aber sein wiederholter Hinweis auf die Vereinbarungen von 1980 und seine Erinnerung an das Wort des verstorbenen Kardinals Wyszynski vom unentziehbaren Recht der Arbeiter, sich zu organisieren, machten klar, daß er nicht an freie politische Parteien (neben der kommunistischen) denkt oder an Bürgerversammlungen mit plebiszitären Funktionen, sondern an Arbeiter-Vertretungen, an Gewerkschaften. Welche Form und welches Programm sie haben sollen, darauf ging der Papst nicht ein, das will er den polnischen Arbeitern überlassen. Die verbotene Gewerkschaft »Solidarität« hat er mit Bedachtsamkeit genannt, und er hat auch durchgesetzt, daß Walesa, der einst die »Solidarität« führte, zu ihm kommen durfte.
Doch hat sich der Papst nicht darauf festgelegt, daß diese verbotene unabhängige Gewerkschaft und keine andere das Volk im Dialog zu vertreten habe. Er will der kommunistischen Staatsmacht seinen Rat zum Gespräch mit der Nation so eingängig und so annehmbar wie möglich machen. Dazu sollte auch die neue Deutung der Souveränität dienen: Souverän ist ein Staat dann, wenn er es der Nation möglich macht, ihre Kultur und Wirtschaft auf die ihr gemäße Art zu entwickeln, so zu leben, daß sie ihre Identität findet. Mit diesem ins Innenpolitische gewendeten Souveränitätsbegriff deutete Johannes Paul II. an, daß er den Gedanken einer Trennung Polens vom Sowjetblock nicht für realistisch hält. Zugleich aber bestritt er damit Jaruzelski das Recht, den Kriegsrechts-Streich als Akt polnischer Souveränität auszugeben.
Der Papst konnte inmitten seines von Machtpolitik bedrängten Volkes nicht an der Politik vorbeisprechen. Den-

noch – auch diese Reise sollte vor allem ein kirchliches Ereignis sein. Johannes Paul II. ist dessen sicher, daß das Schicksal der Polen an der Lebenskraft ihrer Kirche hänge. Und hat er nicht recht? Ohne starke Kirche gäbe es in Polen keinen starken Glauben. Und ohne starken Glauben hätte die polnische Nation nicht fast vier Jahrzehnte unter dem Staatsmarxismus ihre Seele bewahrt.

VI.
Jugoslawien
Im Banne Lenins

Als im Jahr 1948 Tito und Stalin auseinandergingen, erwarteten viele im Westen, nun werde Jugoslawien den Weg zu Freiheit und Demokratie einschlagen. Es war die erste in einer langen Reihe von Illusionen über den kommunistischen Balkanstaat. Tito und die meisten seiner Unterführer dachten nach dem Bruch nicht daran, den Leninismus aufzugeben; sie hingen sogar am Stalinismus. Nicht Tito hatte sich von Stalin, sondern dieser hatte sich von Tito getrennt. Es waren andere Kräfte, die dann den jugoslawischen Kommunismus in Bewegung brachten. Einige Männer in der Führung erkannten, daß die jugoslawische Partei den Konflikt mit der sowjetischen nur durchstehen könne, wenn sie der Bevölkerung eine erträglichere Ordnung als die sowjetische biete; so entstand die Idee des Selbstverwaltungs-Sozialismus. Tito ließ sich widerstrebend darauf ein, immer bedacht, die leninistischen Machtverhältnisse zu bewahren. Dennoch nahm die Idee schattenhaft Gestalt an. Der pluralistisch wirkende Föderalismus, ein Zugeständnis der Partei an den Vielvölkercharakter des Staates, kam der Idee entgegen. Was daraus bis heute an Realität geworden ist, rechtfertigt den Befund »demokratischer Sozialismus« nicht entfernt. Jugoslawien ist nach wie vor eine Politbüro-Herrschaft, freilich eine bundesstaatlich aufgelockerte. Die Selbstverwaltung blieb in die Betriebe eingesperrt. Selbst dort wird sie, seit die Wirtschaftskrise umgeht, von der Obrigkeit auf Reste zurückgeschnitten. Die Justiz ist der Partei untertan. Gegenüber der Geheimpolizei hat der Bürger kein Recht. Aber die Bewohner Jugoslawiens wissen so manche Freiheit zu schätzen, die ihnen ihr Staat zugesteht – die Ausreisefreiheit zum Beispiel. Allmählich wächst in der Partei das Verlangen nach Veränderung des Systems. Aber der Leninismus sitzt noch tief im jugoslawischen Kommunismus.

Folgen der westlichen Schwäche
9. Juli 1975

Unter all den weltpolitischen Bestandsaufnahmen, die in diesen Monaten allenthalben angefertigt werden, darf eine Bilanz aus dem kommunistischen Südosteuropa nicht fehlen. Nimmt man als Maßstab das Interesse an möglichst viel Unabhängigkeit der Staaten dieser Region und an möglichst viel Freiheit ihrer Bevölkerungen, dann fällt das Ergebnis wenig erfreulich aus. Unabhängigkeit und Freiheit – beide haben sich vermindert.

Das beruht freilich auf verschiedenartigen Gründen. Der eigene Machtbewahrungswille der jeweiligen Landesherren, der Parteichefs, spielt dabei in mehreren Fällen eine wichtige Rolle. Als Tito Anfang Dezember 1971 die Releninisierung seines Landes einleitete, ging es ihm darum, demokratische und freiheitliche Ansätze in seiner Partei abzuschneiden, die er jahrelang mit Mißbehagen hatte wachsen sehen und deren Weiterentwicklung er am Ende in völlige Auflösung der Diktatur übers Volk münden sah. Zwar sprach Tito damals den Satz, wenn die jugoslawische Partei nicht selber »Ordnung« im Lande schaffe, würden das an ihrer Stelle andere, von draußen Kommende tun. Aber das war offensichtlich nur ein Versuch, der Bevölkerung etwas als unvermeidlich hinzustellen, was sie – wie Tito wußte – erbittert ablehnte. Wenig spricht dafür, daß Jugoslawien damals nur oder doch vorwiegend unter sowjetischem Druck eine Phase der inneren Resowjetisierung begonnen habe. Darüber darf es auch nicht hinwegtäuschen, daß alsbald eine außenpolitische Annäherung an die Sowjetunion sich dazugesellte. Des Rückhalts in der eigenen Bevölkerung beraubt, mußte sich Tito nun wieder an die Vormacht des »Sozialismus« anlehnen.

Der rumänische Parteichef Ceausescu mag bei seinem Kurs der kulturpolitischen Verhärtung, zu dem er Anfang der siebziger Jahre überging, ähnliche Motive gehabt haben wie Tito, wenn sich auch freilich das Ausmaß des Rückschrittes wegen der unterschiedlichen Ausgangspositionen hier und dort nicht vergleichen läßt; Rumänien war dem Beispiel des jugoslawischen Reformkommunismus nie gefolgt.

Aber die jeweils aus dem Lande und seiner Machtstruktur stammenden Gründe machen längst nicht alles plausibel. Beginnen wir wiederum mit Jugoslawien. Dort hat die Führung bald die verheerenden Folgen der Verhärtungspolitik für politische Atmosphäre, Wirtschaft und sogar Verteidigungsbereitschaft erkannt. Es gab Leute um Tito, die zu vorsichtiger Umkehr rieten. Dann brachte die neue »Freundschaft« mit der Sowjetunion Enttäuschungen.

Warum ist Jugoslawien dennoch im großen und ganzen bei seiner Innenpolitik der leninistischen Härte geblieben? Seine Partei- und Staatsbeziehungen zu Moskau hat Belgrad zwar im letzten Jahr abkühlen lassen; doch fürs Publikum jedenfalls wird das Freundschaftslied weitergespielt. Welches Motiv steckt dahinter? Rumänien beharrt auf seiner Souveränität, doch zeigt es sich die meiste Zeit auffällig besorgt, die Sowjets nicht aufzubringen. Wenn es brenzlig wird, nimmt Bukarest Positionen zurück. So war das früher nicht.

Man bleibt im Vordergründigen, wenn man alles mit erhöhtem sowjetischen Druck zu erklären sucht. Sicher, die Macht der Sowjetunion in Südosteuropa hat zugenommen und damit auch die Pression. Aber der Machtzuwachs ist den Sowjets nicht vom Himmel zugefallen. Er ist nur die Kehrseite westlicher Schwäche. Woher rührt sie? Die Selbstzerfleischung Amerikas um Watergate, das amerikanische Debakel in Indochina, die weniger vom Wähler als durch Volksfrontexperimente der Sozialisten bewirkte Stärkung des Kommunismus in Frankreich, das Abgleiten Portugals in einen Linksradikalismus, der Niedergang der italienischen Demokratie, der Zerfall der Nato-Südostflanke durch den Streit um Zypern – die Liste der Faktoren ist lang. Dazu kommen wirtschaftliche Schwierigkeiten in den westlichen Industriestaaten, die politische Manövrierunfähigkeit bewirken. Dies alles macht sich die Sowjetunion zunutze – auch so, daß sie auf dem Balkan kräftiger auftritt.

Dabei kommt ihr zustatten die Enttäuschung der Völker dort über den Westen. Sie alle sind in verschiedenem Maße ökonomische Beengtheit gewohnt. In das helle Bild, das ihnen der Westen bisher bot, passen schlecht Rezession, Arbeitslosigkeit, drohender Zusammenbruch der Staatsfinanzen.

Und noch eines: Die Völker Osteuropas haben uns im Westen stets um unsere Freiheit beneidet. Aber deren Perversion zum Freisein von jeglicher Bürgerpflicht und das Eingehen des Staates darauf machen Millionen in Osteuropa nachdenklich. Die kommunistischen Obrigkeiten bedrükken ihre Völker ja nicht immerzu mit verordnetem Puritanismus. Im Gegenteil, sie haben vor allem den jungen Leuten immer wieder private Spielwiesen eröffnet, um sie von der politischen Unfreiheit abzulenken. Wer könnte im Ernst glauben, die Osteuropäer fänden im Westen vor allem die zunehmende Permissivität anziehend.

Die Sowjetmacht hat ihre eigenen Entwicklungsgesetze. Aber so autonom ist sie nicht, daß dem Westen jeglicher Einfluß verwehrt wäre. Das gilt schon für den Sowjetblock selbst, wieviel mehr erst für das ihm nicht zugehörende Jugoslawien. Einfluß aber setzt Kraft voraus.

Der Leninist von eigenen Gnaden
6. Mai 1980

Am 4. Mai 1980 stirbt Tito.

Er hat sein Leben lang die Erwartungen enttäuscht, die andere in ihn setzten; er hat ihre Voraussagen über sich so gründlich widerlegt, daß die Propheten sich nachher genieren mußten. Josip Broz, der sich später Tito nannte, wurde am Vorabend des Zweiten Weltkrieges in Moskau zum Statthalter über die jugoslawischen Kommunisten eingesetzt – Stalin hielt ihn für rechtgläubig und gehorsam. Die marxistisch-leninistische Rechtgläubigkeit Titos hatte er richtig erkannt, aber dessen Gehorsam war eine Illusion. Der Bevollmächtigte verwandelte, kaum in die Heimat zurückgekehrt, die Vollmacht in eigene Macht. Mit seinem Partisanenkrieg wollte er die von Hitler bedrängte Sowjetunion entlasten; und das war Stalin recht. Aber mehr noch wollte er mit einer Kombination von Aufstand gegen die deutsche Besatzung und Bürgerkrieg Jugoslawien in ein kommunistisches Land verwandeln. Solche Eile widersprach Stalins Plänen, aber darum kümmerte sich Tito nicht.
Als er 1945 am Ziel war, griff sein Ehrgeiz weiter aus: Jugoslawien sollte sowjetischer werden als die Sowjetunion und zugleich das Führungszentrum eines kommunistischen Südosteuropa. Stalin verdammte den, der sein wollte wie Gott, wie er. Es stimmt, daß nicht Tito sich von Stalin, sondern dieser sich von Tito trennte; aber der Verstoßene bereute nicht. Nie zuvor hatte sich der Moskauer Großtyrann so in einem Diener getäuscht.
Nun stand es schlecht um Jugoslawien. Das Land war ausgeblutet nach dem Krieg und dem mörderischen Kampf der neuen Macht gegen »Feinde« aller Art, dazu mußte es

einen Überfall von Osten befürchten. Die Staatsmänner des Westens sahen das schon lecke Schiff mit letzter Kraft ihrem westlich-demokratischen Hafen zustreben. Nichts hatte Tito weniger im Sinn. Jetzt wollte er Jugoslawien erst recht mit Kommunismus durchdringen, mit Stalinismus sogar – aber gegen Stalin. Parlamentarische Demokratie, Liberalismus hat er bis zum Tode verabscheut und sogar verachtet. Die Westmächte mochte er nicht. Doch er brachte es fertig, daß sie ihm in seiner Not mit Weizen und Waffen halfen und dabei gebückt kamen, als seien sie die Bittsteller. Das hat sich dann oft wiederholt.
Freilich, wenn schon ein großer Teil der Welt sich Tito beugte – einige politische und ökonomische Notwendigkeiten taten es nicht. Das kommunistische Jugoslawien konnte sich zwischen Ost und West nur halten, wenn es seiner Bevölkerung etwas Besseres bot als den Sowjet-Sozialismus. Nicht Tito, sondern einige seiner engsten Gefährten erfanden 1950 die »Arbeiterselbstverwaltung«. Da begannen Millionen Jugoslawen zu hoffen, die Herrschaft eines engen Kreises über das Volk werde sich allmählich in einer Demokratie auflösen. Vielleicht in einer Demokratie ohne Parteien und Privatwirtschaft – aber konnte man sich denn nicht auch eine andere Demokratie als die westliche vorstellen?
Manche Träumer im Westen erwarten es immer noch. Tito hat nichts getan, sie darin zu bestärken. Er hat die Selbstverwaltung immer höchstens als ein Stück Betriebsverfassung gelten lassen, nie wirklich als politisches System. Wuchs sie sich dahin aus, schnitt er sie brüsk ab. Als größte Gefahr erschien ihm ein Kurzschluß zwischen politisch verstandener Selbstverwaltung und ernstgemeinter Autonomie der Nationen seines Vielvölkerstaates. Sein Herrschaftsprinzip war eine Mischung aus persönlichem Regiment und Politbüro-Macht.

In diesem eisernen Rahmen gab es Platz für mancherlei jugoslawische Eigenheiten, wenn die praktische Politik nach ihnen rief. Tito hat nicht nur die Arbeiterselbstverwaltung hingenommen, sondern auch die private Landwirtschaft wieder zugelassen. Er hat später seinen Untertanen die Grenzen geöffnet, hat eine (sozialistische) Marktwirtschaft eingeführt, sich mit dem Papst arrangiert. Aber daß in seinem Staat die arbeitenden Menschen – und das sind ja alle – in Wahlen entscheiden sollten, das hielt er immer für absurd.

Tito hat viele Erwartungen verwelken lassen, auch das Vertrauen so mancher, die ihm nahestanden. Mit der Eiseskälte, die Großen dieser Welt eigen ist, ließ er jeden fallen, der seiner Macht hinderlich wurde: Mitstreiter, Schüler, sogar Ehefrauen. Familienherrschaft lehnte er ab, er wollte beim Regieren nicht von Verwandten beengt sein. Vielleicht kommt auch nach seinem Tod alles anders, als die Umwelt vermutet. Jugoslawien ohne Tito werde, so glauben viele, rasch in nationalen Auseinandersetzungen und persönlichen Machtkämpfen versinken. Doch Tito hat vor seinem Tod eine kleine Gruppe von Parteiführern auf das Erbe vorbereitet. Ihr gemeinsames Interesse an der Erhaltung des festen leninistischen Rahmens mit dem Mittel einer kollektiven Führung könnte gut stärker sein als ihre Rivalitäten. Und sollte aus ihren Reihen einer der Erste werden, hätte sich noch weniger geändert. Jugoslawien muß nicht für alle Zeiten so bleiben, wie es ist; aber rasch wird es sich nicht wandeln.

Noch wackeliger steht die Voraussage eines sowjetischen Überfalls nach Titos Tod. Die Völker, die Bewohner Jugoslawiens, sind darin einig, daß sich sich gegen eine sowjetische Besetzung wehren würden – heftig, jahrelang, und das Moskauer Poilitbüro weiß das. Sie wollten den Sowjetismus nicht. Nicht einmal der Leninismus ist nach ihrem Geschmack – und darin hatte sich Tito getäuscht.

Jugoslawische Sorgen
18. Mai 1981

Aus Jugoslawien häufen sich Nachrichten, die Besorgnis erwecken: Unruhen unter der albanischen Minderheit im Süden, Prozesse gegen kroatische Intellektuelle, ein erbitterter Streit zwischen der Obrigkeit und der katholischen Kirche in Kroatien und zu alledem eine wirtschaftliche Krise. Schon machen an den politischen Stammtischen bei uns zünftig klingende Deutungen die Runde: Jugoslawien zerfällt, nur Tito konnte es zusammenhalten.
Ziemlich leicht läßt sich widerlegen, daß Jugoslawiens Existenz an Tito gehangen habe. Alles, was heute den Staat erschüttert, gab es schon zu Lebzeiten des Marschalls. Im Kosovo, auf dem mehrheitlich von Albanern bewohnten südserbischen Amselfeld, brodelte es mehrfach. Kroatische Intellektuelle rührten sich oft mit Widerspruch. Die katholische Kirche in Kroatien ist manches Mal Ansprüchen von Partei und Staat an die Vergangenheit oder die Gegenwart des kroatischen Volkes entgegengetreten. Und die wirtschaftlichen Schwierigkeiten, mit denen Jugoslawien heute kämpft, sind alle in der Zeit Titos vorgeformt worden. Damals deckte man vieles zu, schob man die Folgerungen vor sich her. Nun aber läßt sich nichts mehr zudecken, nichts mehr aufschieben.
Kein Grund also für einen nachgeholten Tito-Mythos bei uns im Westen. Könnte es indessen sein, daß Jugoslawien

unaufhaltsam dem Zerfall entgegeneilt? Da ist Vorsicht geboten. Der Belgrader Staat hat schon viele Erschütterungen überstanden. Die Mitglieder der heutigen kollektiven Führung sind sich darüber einig, daß sie miteinander die Macht behalten wollen. Die Machtmittel, die ihnen zu Gebote stehen, sind intakt: Parteiapparat, Polizei, Armee. Und die Mehrheit der Bevölkerung bejaht offenbar den jugoslawischen Staat – sei es als erwünschte Wirklichkeit, sei es als kleineres Übel –, wenn auch viele Bewohner sich ihn anders eingerichtet wünschen. Jugoslawien ist heute nicht von so tiefen Bruchlinien durchzogen wie in den dreißiger Jahren.

Darauf halten sich die Führer in Belgrad viel zugute. Doch wie ihr in seiner Existenz ziemlich gesicherter Staat heute aussieht, darüber können sie schwerlich befriedigt sein. Das Bild zeigt viele Mißstände. Es ist leicht, der Führung alle unterschiedslos in gleichem Maße zur Last zu legen; ein gerechtes Urteil wird differenzierter ausfallen. Mit den Albanern auf dem Amselfeld, in Westmazedonien und im südlichen Montenegro könnte es heute keine Belgrader Staatsführung leicht haben. Diese nichtslawische nationale Minderheit, die ihr Mutterland gleich jenseits der Grenze weiß und die aus ihrem raschen Wachstum (sie hat die höchste Natalität in Europa) ein besonderes Selbstbewußtsein entwickelt, ist in einem slawischen Staat schwer zufriedenzustellen.

Belgrad hat viel für sie getan – zum Beispiel ihr die autonome Provinz Kosovo eingeräumt, in der die meisten hohen Ämter in der Hand von Albanern sind, eine Industrie aufgebaut, eine Universität errichtet, an der eine Intelligenz herangebildet wird, die sich nun zu einem großen Teil gegen Belgrad wendet. Wenige der Albaner im südlichen Jugoslawien möchten im Ernst so leben wie heute die Albaner im Lande Enver Hodschas.

Daß sie dennoch so heftig gegen Jugoslawien aufbegehren, hat aber auch Ursachen, für welche Belgrad verantwortlich ist. Bis 1966 führte im Kosovo die Geheimpolizei des großserbisch orientierten Parteiführers Ranković ein schlimmes Regiment. Nach seinem Sturz schien Belgrad zu einer Politik der besonderen Rücksichtnahme und Schonung bereit. Doch jede neue Unruhe der unruhigen Albaner ließ es von serbischer Polizei niederwerfen.
So entstand ein Teufelskreis. Wie die Belgrader Führung ihn durchbrechen könnte, ist heute schwer zu sagen. Sie will den Albanern eine eigene Teilrepublik in der jugoslawischen Föderation aus Furcht vor Separatismus nicht zugestehen. Aber das Verweigern des Republik-Status für das Kosovo mag Separatismus gerade erzeugen. Viel wäre schon gewonnen, wenn die Parteiführung jetzt nicht Polizei und Strafjustiz als wichtigsten Befriedungsfaktor auf dem Amselfeld betrachtete. Dauerhaften Frieden wird es dort schwerlich ohne eine weitschauende Politik der Versöhnung geben.
Dies gilt auch für Kroatien, wo indessen keine Separatisten am Werk sind, sondern einige national und reformerisch gesinnte Intellektuelle, die finden, die »kroatische Frage« in Jugoslawien sei noch nicht gelöst. Wenn die Führung schon dies nicht zugeben will, warum führt sie dann nicht wenigstens mit den Opponierenden offene Gespräche? Wenn sie auch das nicht möchte, warum toleriert sie nicht eine Anzahl von Dissidenten am Rande der doch gänzlich von ihr beherrschten Gesellschaft? Das würde zwar nichts lösen, aber der Bevölkerung wenigstens das permanente Erlebnis eines Polizeistaates ersparen. Unverständlich ist auch, daß die Partei der katholischen Kirche in Kroatien Demütigungen aus den schlimmen Nachkriegsjahren eingebrannt zu halten sucht.
In Jugoslawien müßte die Führung die drängendsten

Schwierigkeiten anpacken mit neuen Methoden, mit Offenheit und mit dem Vertrauen, daß die Bevölkerung – die es schließlich zu schätzen weiß, daß sie nicht in den Ostblock eingebunden ist – sich gewinnen läßt. Dabei brauchten sich die Führer keine neuen Prinzipien auszudenken, sie brauchten nur die längst verkündeten der Realität näherzubringen. Jugoslawien hat nichts von einer Umwälzung zu erwarten. Aber viel könnte es gewinnen von einer mutigen Politik maßvoller Reformen.

Die jugoslawischen Lasten
22. Februar 1982

Das Bild Jugoslawiens ist in der letzten Zeit undeutlicher geworden. Das liegt an der kollektiven Führung, die 1980 an Titos Stelle trat. Aber der Eindruck wäre falsch, auch die Politik Jugoslawiens habe seit dem Ausscheiden Titos an Klarheit verloren. Unklar ist gewiß vieles an ihr, doch das war auch zu Titos Zeiten so. Damals näherte sich das Land einmal dem einen, dann dem anderen Block. Immer wieder war es jahrelang der Sowjetmacht näher als dem Westen, bewegte es sich auf die Mitte zu; selten überschritt es sie nach der anderen Seite. Auch die jugoslawische Innenpolitik war voller Wechsel und Wendungen.
In Wahrheit ist der Weg der jugoslawischen Politik nicht weniger gut erkennbar, sondern steiniger geworden. Die Schwierigkeiten haben zugenommen: wirtschaftliche, nationalitätenpolitische und andere von innenpolitischer Art. Die meisten waren auch in der Ära Tito schon da, zu einigen, vor allem den ökonomischen, wurde damals der

Grund gelegt. Doch darüber lag die Verherrlichung des Marschalls, dazu viel außenpolitischer Schein und Flitter. Das ist nun nacheinander weggefallen, und so liegen die Lasten Jugoslawiens für jedermann sichtbar da. Sie sind von unterschiedlicher Art.

Ihr wichtigster Grund liegt darin, daß sich Jugoslawien nie entschieden hat, ob es beim Leninismus des sowjetischen Typus bleiben oder ob es zu einem demokratischen und freiheitlichen Sozialismus finden will. Das politische System, dessen Fundament die Monopolherrschaft der Partei ist, hält sich näher am leninistischen Modell: entscheidungsleere Wahlen, eine mächtige Geheimpolizei und eine weisungsgebundene Justiz sind die auffälligsten Kennzeichen. Doch so manche politische Realität – zum Beispiel die offenen Grenzen, gewisse Inseln der Äußerungsfreiheit, eine im Vergleich mit Ostblockverhältnissen reichhaltige Information – weist in die entgegengesetzte Richtung.

Es ist die, in welche die Wünsche der Bevölkerungsmehrheit gehen, und diese sah sich darin von vielen Parteiführern immer wieder bestärkt. Ideologen der Partei begannen ein eigenes jugoslawisches Konzept des Sozialismus in der Demokratie und Freiheit auszuarbeiten; dabei wirkte als Voraussetzung die Erkenntnis, daß der Sowjetismus kein Sozialismus sei. Doch solche Vorstöße wurden immer wieder brüsk abgebrochen, und damit schrumpfte der jugoslawische Sozialismus als politische Ordnung immer wieder zusammen auf eine besondere Verfassung der Betriebe.

Dieser politische Schwebezustand dauert fort. Ihm entspricht die Mischung des politischen Führungspersonals. Es bestand immer einerseits aus starren Leninisten, andererseits aus Politikern, die, in unterschiedlichem Maß, demokratischen und freiheitlichen Öffnungen zuneigten.

Die erste Gruppe hatte das Übergewicht, doch die zweite konnte manchmal Entwicklungen anstoßen, die dann angehalten und meist zurückgedreht wurden. In diesem Hin und Her verbraucht Jugoslawien bis heute seine Steuerungsenergien.
Weil sich die jugoslawische Partei nicht zwischen Leninismus und demokratischem Sozialismus entschied, fand sie auch nicht zu einer Nationalitätenpolitik wahrer Gleichheit und Freiheit für alle, so sehr sie auch immer wieder dahin strebte. Der stark ausgebildete Föderalismus sollte die Form sein für eine gesicherte Gleichwertigkeit der nationalen Gemeinschaften im Vielvölkerstaat. Doch dieser Inhalt blieb unvollständig, weil die jugoslawische Partei nicht loskam von einer ihrer Theorie widerstreitenden Praxis aus der letzten Kriegs- und Nachkriegszeit: einige ethnisch-kulturelle Gruppen so zu behandeln, als seien sie vom Bazillus der Unzuverlässigkeit befallen, vor allem die Kroaten und die Albaner. Diese Gefahrenvorstellung verlangte geradezu, eine Nation als Wächter der Einheit zu bestellen, und das konnte nur die größte sein, die serbische. Damit war das Großserbentum aus dem Königreich, zu dessen Zerfall es so viel beigetragen hatte, in die kommunistische Republik übernommen. Bis heute ist es nicht gelungen, diese Erbschaft abzuwerfen. Nationale Unruhe und sogar Unruhen in ständiger Wiederkehr sind die Folgen.
Nicht weniger Schaden hat es angerichtet, daß die jugoslawische Partei nicht die Energie zu einer Wirtschaftsreform fand, welche die schon vor dreißig Jahren mit dem Übergang zur Arbeiterselbstverwaltung im Grundmuster entworfene und anderthalb Jahrzehnte darauf ausdrücklich proklamierte sozialistische Marktwirtschaft ganz hätte Wirklichkeit werden lassen. Die diversen Einzelreformen verfingen sich immer aufs neue in direkter oder indirekter

staatlicher Reglementierung der Preise, der Löhne, der Investitionen; nie zog die Partei ihre Hand von der höheren Personalpolitik in der Wirtschaft zurück. Die private Landwirtschaft blieb von der Zehn-Hektar-Grenze eingeschnürt. Das private Kleingewerbe, das noch Hunderttausenden Arbeit geben könnte, wurde alle paar Jahre mit Kampagnen gegen »Bereicherung« überzogen. Schließlich hatte das Widerstreben der jugoslawischen Partei, ihrem Programm zu folgen und sich vom Leninismus zu trennen, die kaum vermeidliche Nebenwirkung, daß das Land in der Versuchung blieb, in schwierigen Zeiten handelspolitisch am Sowjetblock Rückhalt zu suchen, worunter die Wettbewerbsfähigkeit auf dem Weltmarkt leiden mußte.
Die Führung der jugoslawischen Partei täuscht sich nicht über das Ausmaß der Probleme, die das Land belasten. Aber noch gibt es keine Anzeichen dafür, daß sie in naher Zeit die Ursachen angehen werde.

Was könnte sich in Jugoslawien ändern?
20. Juni 1983

Wenigen Ländern galten in der Nachkriegszeit so viele sehnsüchtige Träume wie Jugoslawien. Linkssozialisten im Westen sahen dort einen demokratischen Sozialismus heranwachsen. Bürgerlichen bei uns wiederum kam es so vor, als nähere sich Jugoslawien immer mehr westlichen Verhältnissen. Beide Erwartungen haben sich nicht erfüllt. Ein demokratischer Sozialismus ist in Jugoslawien nicht entstanden. Denn demokratisch läßt sich das jugoslawische System nicht nennen, das zwar eine Arbeiterselbstverwaltung eingeführt hat, das aber geprägt ist vom Macht- und Ideologiemonopol der kommunistischen Parteiführung. Erst recht nicht wird Jugoslawien allmählich zu einem westlichen Land. Solche Träume haben sich als Illusionen erwiesen.

Aber auch wer an die inneren jugoslawischen Verhältnisse nie Hoffnungen geknüpft hat, dem legen heute die Nachrichten aus diesem Land Besorgnis nahe. Eine Wirtschaftskrise erschüttert Jugoslawien. Arbeitslosigkeit, Inflationsrate und Verschuldung im Westen sind gefährlich hoch. An einigen wichtigen Versorgungsgütern herrscht permanenter Mangel. Zum Schutz der Währung ist das Ausreisen aus dem Land mit einer hohen Abgabe belegt. Die Realeinkommen sinken. Dazu schwären in dem Vielvölkerstaat nationale Wunden: Die unruhige albanische Volksgruppe im Süden des Landes, vor allem im Kosovo (auf dem Amselfeld), wird von der Obrigkeit in einer erzwungenen Ruhe gehalten; die Kroaten, zweitstärkste Nation Jugoslawiens, fühlen sich zurückgesetzt und jeder Möglichkeit beraubt, Klagen darüber hörbar zu machen. Die Obrigkeit entdeckt einen »Herd des Nationalismus« nach dem anderen, vermag aber die Ursachen weder zu erklären noch zu beseitigen. Mit dem Kampf gegen wirklichen oder angeblichen Nationalismus ist stellenweise verwoben eine Dauerkampagne gegen unbotmäßige Intellektuelle, bei der sich Partei, Massenmedien, Polizei und Strafjustiz die Arbeit teilen.

Manche Beobachter im Westen sagen voraus, Jugoslawien werde deshalb bald explodieren. Doch im Lande finden sich dafür keine Anzeichen. Proteststreiks gegen das Ausbleiben von Lohnerhöhungen sind gewöhnlich von kurzer Dauer und beschränken sich auf einzelne Betriebe. Nichts scheint den Bewohnern des Landes ferner zu liegen als der

Gedanke an Aufruhr. Das hat mehrere Gründe. Die Jugoslawen haben anderthalb Jahrzehnte in einem relativen Wohlstand gelebt. Von den Reserven, die sich dabei in privater Hand bildeten, zehrt die Bevölkerung nun in der Wirtschaftskrise. Der Geldzufluß von den in Westeuropa, vor allem in Deutschland, arbeitenden Jugoslawen hält an. Individuelle Findigkeit verhilft vielen Beschäftigten zu einem zweiten – legalen oder illegalen – Arbeitsplatz.
Vor allem aber kommt der politischen Führung nun zugute, daß die Bevölkerung, weil sie außerhalb der Betriebe nichts zu sagen hat, im Laufe der Jahrzehnte unpolitisch geworden ist. So fallen in die Unzufriedenheit über Materielles nicht leicht politische Funken. Bei der (nicht im Parteisinn) politisch denkenden Minderheit aber gibt es die Befürchtung, Unruhen im Land könnten zu noch mehr materiellem Mangel, zu Verhärtung an der Spitze und sogar zu einer Anlehnung Jugoslawiens an die Sowjetunion führen.
Doch aus alledem kann die jugoslawische Führung nicht eine Garantie unbehelligter Machtausübung für unabsehbare Zeit herleiten. Noch weniger kann sie annehmen, bei langem Fortdauern des heutigen Zustandes werde der jugoslawische Sozialismus der eigenen Bevölkerung noch schätzenswert und den anderen Nationen Osteuropas erstrebenswert vorkommen – an beidem aber ist der Führung gelegen. Sie steht also unter Handlungsdruck.
Wozu wird sie sich bereit finden? Sicherlich nicht zu Schritten, die ihre politische Alleinherrschaft gefährden müßten. Doch selbst im festen Rahmen dieser Machtordnung könnte sich die Parteispitze zu einigen überfälligen Reformen entschließen. An erster Stelle braucht Jugoslawien eine Korrektur des Wirtschaftssystems, welche die Betriebe wirklich und nicht nur auf dem Papier den Marktgesetzen unterwirft und den, zum Beispiel personalpoliti-

schen, Eingriffen der staatlichen Wirtschaftsverwaltung wie auch der Partei entzieht. Der Mechanismus der Arbeiter-Selbstverwaltung müßte nicht abgeschafft, aber mehr den Erfordernissen rationeller Unternehmensführung angepaßt werden. Weder in Jugoslawien noch draußen versteht man, warum die Obrigkeit nicht endlich aus der ideologisch bedingten Behinderung der privaten Bauern und Handwerker herausfindet, deren Förderung einen Teil der Arbeitslosigkeit aufsaugen würde.
Die nationalen Spannungen ließen sich mit einigen klugen Zügen so weit mildern, daß sie erträglich wären. Gegenüber den Kroaten würden schon einige Gesten aufhellend wirken. Dazu gehörte, daß in führende Positionen des Partei- und Staatsapparates in Zagreb auch Leute kämen, von denen sich das kroatische Volk – bei allen Vorbehalten gegen die Parteiherrschaft – immerhin halbwegs repräsentiert fühlte. Schwieriger ist mit den Albanern im Süden Jugoslawiens zurechtzukommen. Doch die heute im Kosovo betriebene Politik der angezogenen Schrauben kann schwerlich eine Lösung bringen.
Solche Reformen machten aus Jugoslawien noch keinen Staat des demokratischen Sozialismus und noch viel weniger eine freiheitliche Demokratie. Aber das Land lebte dann wenigstens nicht mehr unterhalb seiner kommunistischen Möglichkeiten.

Anstöße von Ohnmächtigen
25. November 1983

Waghalsig nimmt sich auf den ersten Blick aus, was unlängst in Jugoslawien der Professor Marjanović getan hat, Strafrechtler an der Universität Skopje. Auf einer Tagung jugoslawischer Kriminologen verlangte er die Abschaffung der zahlreichen Vorschriften des jugoslawischen Strafrechts, die als Instrument dazu dienen, daß Leute bestraft werden, weil sie der Obrigkeit unliebsame Ansichten oder Tatsachen-Beschreibungen von sich geben. Marjanović hatte dabei vor allem den Artikel 133 des Bundesstrafgesetzes im Auge (die Strafnorm gegen sogenannte »feindliche Propaganda«), der unter anderem jeden mit Strafe bedroht, der »die gesellschaftlich-politischen Verhältnisse im Lande böswillig und unwahr darstellt«. Weit ist der Straftatbestand, drakonisch die angedrohte Strafe: Gefängnis von einem Jahr bis zu zehn Jahren.

Diese Strafnorm gibt der jugoslawischen Obrigkeit die Handhabe, jeden ins Gefängnis zu schicken, der etwas geschrieben oder der etwas gesagt hat (und sei es in privatem Kreis), was ihr mißfällt – wenn nur die Geheimpolizei davon erfährt. Unter die Strafbestimmung über »feindliche Propaganda« fällt man in Jugoslawien, wenn man einen politischen Witz erzählt; wenn man die Führung unfähig nennt; wenn man sagt, im Lande bestimme allein die Partei, oder eine der Nationen des Vielvölkerstaates werde von einer anderen oder von der Belgrader Zentralgewalt unterdrückt oder benachteiligt, oder in Jugoslawien dürfe man seine Meinung nicht sagen. »Feindliche Propaganda« kann es sein, wenn man von politischen Gefangenen in Jugoslawien spricht, gar wenn man dabei eine Zahl nennt – denn das können Staatsanwaltschaft und Gericht als »unwahr« qualifizieren, und allein sie bestimmen, was die Wahrheit, was die Wirklichkeit ist in Jugoslawien. Die vom Gesetz für eine Bestrafung verlangte Böswilligkeit wird in der Regel einfach unterstellt.

Ähnliche Strafnormen kommen hinzu. Das Ganze ergibt ein dichtes Netz, in dem jeder hängenbleiben kann, der seinen Mund unbotmäßig aufmacht. Von der Justiz ist eine einschränkende Anwendung dieser voller Gummibegriffe steckenden Gesetze nicht zu erwarten, denn die Gerichte sind in Jugoslawien, wenn es um Politisches im weiten Sinne geht, den Weisungen der Parteiobrigkeit unterworfen. Ein ungehorsamer Richter wäre nicht mehr lange an seinem Platz.

So sind im Lauf der Jahrzehnte zahllose Bewohner Jugoslawiens wegen bloßer mißliebiger Äußerungen zu oft hohen Freiheitsstrafen verurteilt worden. Sechs Jahre Gefängnis bekam ein Arzt, weil er Abfälliges über die politische Ordnung des Landes gesagt hatte, zweieinhalb Jahre ein Anwalt, weil er in einem – nicht abgeschickten – Brief seine Ansichten darüber niedergeschrieben hatte, wie heute eine kommunistische Ordnung auszusehen habe.

Wenn man das alles bedenkt, muß einem der Vorstoß des Professors Marjanović mutig vorkommen. Hat sich der Gelehrte damit nicht selber in Gefahr gebracht, wegen »feindlicher Propaganda« belangt zu werden? Paradoxerweise wahrscheinlich nicht. Die jugoslawische Obrigkeit läßt es öfter zu, daß im Kreise von Fachleuten, in Zeitschriften und sogar in Zeitungen einzelne ihrer Machtinstrumente kritisiert werden (außer der Geheimpolizei). Sie erreicht damit, daß in der Intelligenz ein wenig Unzufriedenheitsdampf abgelassen wird, daß mancher den Eindruck bekommt, die Tabuisierung sogenannter heikler Themen sei doch nicht ganz so streng. An der Sache ändert sich nichts. Der schmale Streifen jugoslawischer Äußerungsfreiheit läßt sich nicht damit verbreitern, daß einzelne Fachleute oder Publizisten hier oder da eine Gesetzesvorschrift bemängeln. Daß die Bürger Jugoslawiens ihre nicht parteikonformen Ansichten für sich behalten müssen, ist eine direkte Folge des Machtmonopols der Partei. Nur dessen Auflockerung könnte das Wort freier werden lassen.

Eher als die Forderungen des Strafrechtlers Marjanović, die nur ein einzelnes Symptom aufgreifen, zielt deshalb aufs Wesentliche, was neulich einige von der Partei mit Mißtrauen beobachtete Philosophen und Soziologen der »Praxis«-Gruppe vorbrachten; es läuft auf die Einführung von Demokratie in der heute leninistisch verfaßten Partei hinaus, auf ihren Abschied von der Politbüro-Herrschaft, die entgegen aller offiziellen Selbstverwaltungs-Darstellung das Wesensmerkmal der politischen Ordnung in Jugoslawien geblieben ist.

Die »Praxis-Professoren« stehen der Partei seit langem fern. Ähnliche Gedanken wie sie hat in diesem Herbst ein alter Parteimann vorgebracht: Mijalko Todorović, der in der zweiten Hälfte der sechziger Jahre, einer Zeit nicht nur wirtschaftlicher, sondern auch vorsichtiger politischer Reformen, als Exekutivsekretär der Partei unter Tito viel Einfluß hatte, in der Re-Leninisierung Jugoslawiens Anfang der siebziger Jahre aber aufs Altenteil geschoben wurde. Auch Todorović will in den jugoslawischen Sozialismus Demokratie eingeführt sehen; doch soll das nach seinen Vorstellungen in der – als Funktionärsapparat, sonst nur auf dem Papier existierenden – allumfassenden Massenorganisation »Sozialistischer Bund« und in den Gewerkschaften beginnen. Von der Partei spricht er nicht – er muß wissen, wie gefährlich das für einen Parteimann wäre, selbst für einen pensionierten.

Anstöße zur Auflösung der kommunistischen Herrschaft

kommen heute in Jugoslawien von Leuten, die keine Macht haben. Bisher gibt es keine Anzeichen dafür, daß die Parteiführung solche Impulse aufnähme. Aber nur von dort, von oben, kann sich Jugoslawien verändern.

Was für ein Modell?
24. Juli 1984

Als hohe Parteiführer in der jugoslawischen Teilrepublik Kroatien im Frühjahr ein Verzeichnis angeblich antisozialistischer Publikationen zusammenstellten, die in den vergangenen Jahren in Jugoslawien erschienen sind, gehörte zu ihren Urteilsmaßstäben auch schierer Sowjetismus. Sie setzten auf die Liste unter anderen die Werke sowjetischer Dissidenten oder des Exil-Tschechen Milan Kundera, die nur für Sowjetkommunisten ein Ärgernis sein können. Ihr Verdikt gegen ein Theaterstück begründeten sie auch damit, daß der Belgrader Korrespondent der sowjetischen Agentur »Tass« es »schamlos« genannt habe.
Die Sowjetophilie, die in dem Schriftstück zum Vorschein kommt, mag ein spezifisches Produkt der heutigen Machtverhältnisse und Machtkämpfe in der kroatischen Parteiorganisation sein; insoweit ließe sich von einer kuriosen regionalen Eigentümlichkeit reden. Aber Sowjetismus, verstanden als ein inneres Herrschaftssystem, das dem sowjetischen im Typus ähnelt, ist ein gesamtjugoslawisches Phänomen.
Die jugoslawische Partei stellt es ganz anders dar. Glaubt man ihr, dann gibt es Sowjetismus in Jugoslawien nur als Relikt aus der Zeit vor dem Bruch zwischen Stalin und Ti-

to im Juni 1948. Von damals, so lautet die offizielle Version, seien noch einige vom Sowjetkommunismus inspirierte Leute übriggeblieben, eine Randgruppe, die fernab stehe vom Strom der sozialistischen Entwicklung Jugoslawiens. Wer diese Leute sind, darüber wird Genaueres nie gesagt. Sowjetismus gibt es also im jugoslawischen Sozialismus nach der Selbstdarstellung seiner Verwalter nicht. Die Partei habe sich 1948 ein für allemal von ihm getrennt, sie habe damals ihren eigenen, nichtsowjetischen Weg eingeschlagen, und auf dem schreite sie seither fort.

Doch in der jugoslawischen Wirklichkeit sieht es nicht ganz so aus. Manches in dem südosteuropäischen Staat erinnert ans sowjet-leninistische Muster. Ein Führungsbyzantinismus macht selbst vorsichtige Kritik an den höchsten Parteifunktionären unmöglich, entzieht ihr Leben weit über die intime Sphäre hinaus dem Einblick der Öffentlichkeit. Die Geschichte des kommunistischen Jugoslawien ist Monopolbesitz der Partei; nur deren Darstellung darf öffentlich kundgegeben werden. Im Lande ist nur eine politische Lehre zugelassen – die Ideologie der Partei. Abweichende Ansichten zu brisanten politischen Fragen darf man nicht äußern, und es ist schon riskant, sie daheim für sich schriftlich niederzulegen. Strafgesetze mit grenzenlosen Begriffen (»feindselige Propaganda« zum Beispiel) machen jeden zum Straftäter, der Unliebsames äußert. Die Urteile gegen Dissidenten sind drakonisch. Die Unabhängigkeit der Richter endet dort, wo das Interesse der Sicherheitsbehörden und der Partei an einem Fall beginnt. Schutz vor der Geheimpolizei gibt es nicht. Die Zeitungen stehen unter Parteiaufsicht. Bei Wahlen hat das Volk nur der Partei genehme Leute zu wählen.

Das alles sind sowjetkommunistische Merkmale. Neben ihnen darf man freilich die starken eigenen Züge des jugoslawischen Kommunismus nicht übersehen. Ein weit entwickelter Föderalismus fügt sich zwar ins Machtmonopol der Partei; aber er gliedert es nach den Gegebenheiten des Vielvölkerstaates auf und bringt so ein kräftiges pluralistisches Element ins politische Leben. Die Kirche genießt in Jugoslawien größere Freiheit als in den meisten Ländern des Sowjetblocks. Die jugoslawische Ausreisefreiheit ist im sowjetischen Lager unerreicht. Die Wirtschaftsordnung weicht ab vom staatswirtschaftlichen Muster. Drei Viertel des Ackerlandes gehören privaten Bauern.

Solche Besonderheiten bedeuten für das Leben der Menschen viel. Aber tragen sie den Befund, der jugoslawische Sozialismus unterscheide sich im System prinzipiell vom sowjetischen? Weite Kirchenfreiheit und private Landwirtschaft gibt es auch in Polen; ein Ungar darf alle paar Jahre in den Westen reisen. Manche Beobachter Osteuropas halten es für möglich, daß Ungarn in einigen Jahrzehnten eine weniger sowjetische innere Ordnung haben werde als Jugoslawien.

Nicht angebliche persönlich-politische Neigungen und Nostalgien einzelner Parteiführer halten den jugoslawischen Sozialismus im Umkreis des sowjetischen Modells; vielmehr ist es der Leninismus als Grundnorm, der beide verbindet. Die große Mehrheit der jugoslawischen Bevölkerung hat sich den Sozialismus in ihrem Land – der ihr nun einmal übergestülpt war – immer entleninisiert gewünscht, und in der führenden Parteischicht gab es mehrere Anläufe zu diesem Ziel. Manche Parteiführer wollten, anders als Tito, die 1950 eingeführte Arbeiterselbstverwaltung zu einer neuen demokratisch-sozialistischen Ordnung entwickeln. Sie erreichten nichts. Von 1966 bis 1971 wehte in Jugoslawien der Wind politischer Reform – am Ende unterlagen die Reformer, Parteiführer aus allen Teilrepubliken, der von Tito geführten leninistischen Übermacht.

Deren Sieg in den Jahren 1971 und 1972 bestimmt noch heute die politische Wirklichkeit.
So bleibt für Jugoslawien der wichtigste Ertrag des Bruches mit der Sowjetunion vor sechsunddreißig Jahren die unabhängige Außenpolitik. Doch selbst ihr fehlt die letzte Sicherheit, solange die jugoslawischen Führer die Sowjetmacht, der sie gewiß mißtrauen, als Garantie für den Bestand ihres Sozialismus betrachten. Es gibt in der Partei Kräfte, die den jugoslawischen Sozialismus ganz vom sowjet-leninistischen Ursprung lösen und ihm eine eigene, unverwechselbare Gestalt geben wollen. Aber noch scheint ihre Zeit nicht gekommen.

In Belgrad und in Zagreb
20. November 1984

In Belgrad veranstaltet die Strafjustiz in diesen Wochen ein Verfahren gegen sechs Intellektuelle, das im Westen viel Aufmerksamkeit findet. Die sechs Angeklagten hatten sich mit anderen Dissidenten – zusammen waren es an die dreißig – immer wieder in einer Belgrader Wohnung getroffen und dort fernab von den Sprachregelungen der Obrigkeit zum Beispiel über die Nationalitätenfrage in Jugoslawien debattiert. Beim letzten Mal, im April 1984, war auch Milovan Djilas dabei, der Häretiker des jugoslawischen Kommunismus. Die Zusammenkünfte, denen die Teilnehmer unter sich den Namen »Freie Universität« gaben, waren nicht geheim und, nach der Aussage eines von ihnen jetzt im Prozeß, sogar bei der Behörde angemeldet.
Westliche Menschenrechtsorganisationen, Schriftsteller,

Professoren, Politiker protestieren gegen das Verfahren, nennen es undemokratisch, unliberal, womit sie recht haben. Sie sind darüber enttäuscht, daß solche Unterdrükkung in Serbien stattfindet, das sich in den letzten Jahren den Ruf erworben hatte, dort sei das Wort etwas weniger unfrei als in den meisten anderen jugoslawischen Teilrepubliken und vor allem als in Kroatien. In der Tat, der Belgrader Dissidenten-Prozeß wirft ein trübes Licht auf die Innenpolitik der serbischen Führung. Der serbische Vorsprung an Bürgerfreiheit ist klein, wenn man an ihn die westliche Elle anlegt, und nun schrumpft er noch.

Aber für jugoslawische Verhältnisse ist er beachtlich. Es wäre undenkbar, daß sich in der nördlicheren Teilrepublik Kroatien oder in Bosnien-Hercegovina oder auch in Mazedonien (gar nicht zu reden vom vorwiegend albanisch bevölkerten Kosovo, dem Amselfeld) jahrelang Dutzende Intellektuelle zu offenem nichtkonformistischem Gedankenaustausch über der Obrigkeit unangenehme Kapitel der Zeitgeschichte und sogar der gegenwärtigen Politik versammelten. Niemand würde sich das getrauen, und wenn sich doch einmal Verwegene fänden, wäre die Geheimpolizei gleich das nächste Mal zur Stelle. Schon die Dissidenten-Existenz von Milovan Djilas, die von der Obrigkeit sicherlich auch wegen ihrer Schaufenster-Wirkung auf den Westen geduldet wird, könnte in der kroatischen Hauptstadt Zagreb kein Gegenstück haben.

Dort dürfen allein die höchsten Repräsentanten der katholischen Kirche, der Kardinal-Erzbischof Kuharić vor allem, die Grenzen, welche die geltende Rede- und Schweigeordnung allen Bürgern zieht, an einigen, wenigen Punkten überschreiten. Aber die Kirche ist ohnehin ein Sonderfall. Sie stellt in den Augen der kommunistischen Obrigkeit die einzige von ihr zugelassene organisierte ideologische Abweichung dar. Für sie bestehen beson-

dere staatliche Normen. Das hängt damit zusammen, daß die Kirche einerseits im Volk verwurzelt ist, andererseits ihre Aufgabe nicht auf dem Felde der Politik sieht, dieses Feld bei ihrem geistlichen Wirken allenfalls berührt – was dann immer wieder zu drohenden Ausfällen der Obrigkeit führt. Der geistig eigenständige Teil der Belgrader Intelligenz mag sich über den Intellektuellen-Prozeß in der Stadt empören – die Zagreber parteifremde Intelligenz kann von Treffen, wie sie in Belgrad zu jenem Prozeß geführt haben, höchstens träumen.
Nur in der kleinen Republik Slowenien, der nördlichsten, läßt sich ein solcher nichtkonformistischer Gedankenaustausch – in einer überschaubaren Gruppe und ohne Öffentlichkeit – noch vorstellen. (Ob es in Slowenien etwas Derartiges gibt, ist unbekannt.) Aus der slowenischen Hauptstadt Laibach sollen denn auch, wie aus Serbien, besonders viele Bedenken und sogar Proteste gegen das Belgrader Strafverfahren gekommen sein.
Diese regionalen Unterschiede im Umgang der Partei-Staatsmacht mit unabhängigen Intellektuellen sind ein Resultat des jugoslawischen Föderalismus. Dieser bringt gar nicht immer unterschiedliche historische Erfahrungen zum Ausdruck – sonst müßte es eigentlich in Zagreb, das nicht wie Belgrad drei Jahrhunderte unter türkischer Herrschaft den Schlaf eines Gefangenen schlief, pluralistischer, freier zugehen als in Belgrad –, sondern manchmal nur unterschiedliche Machtsituationen und Machtkalküle der einzelnen Republik-Parteiführungen. Die heutige serbische Führung hat zwar, wie alles, was in Jugoslawien Obrigkeit ist, keinerlei demokratische Legitimation. Aber ihr wird von der Bevölkerung zugute gehalten, daß sie sich immerhin gewisser Interessen der serbischen Nation im Vielvölkerstaat Jugoslawien annehme. Die kroatische Führung hingegen hat sich eine solche Mindestverankerung im

Volk bisher nicht schaffen können; manchmal erweckt sie den Eindruck, sie wolle es nicht einmal versuchen. Wiederum, wie schon mehrmals in den letzten zwei Jahrzehnten, erweist sich also der – zwar in die Bedingungen der Parteiherrschaft fest eingefügte, aber dennoch weitreichende und kräftige – Föderalismus als Faktor, der die leninistische Herrschaft in Jugoslawien stellenweise etwas aufzulockern hilft. Die »Selbstverwaltung« hingegen, von der jugoslawischen Partei als ihre große Errungenschaft hingestellt, die den jugoslawischen Sozialismus grundlegend vom sowjetischen, überhaupt vom Ostblock-Sozialismus unterscheide, hat mit den regionalen Verschiedenheiten der Herrschaftsausübung und überhaupt mit den politischen Zuständen im ganzen Land nichts zu tun. Sie ist eine Erscheinung jenseits der Politik geblieben. So hat es die Mehrzahl der jugoslawischen Parteiführer, Tito an erster Stelle, auch von Anfang an gewollt.

VII.
Auch drüben ist Europa
Menschen und Obrigkeiten im östlichen Europa

Die Völker Ostmittel- und Südosteuropas führen ein eigenes Leben, von dem der Westen nur summarische Vorstellungen hat. Sie mußten sich mit der Moskauer Oberherrschaft einrichten und mit den jeweiligen Unterherren im Land. Am Ende der vierziger und am Anfang der fünfziger Jahre sah es so aus, als hätten sich besonders die jüngeren Generationen der neuen Ordnung und auch dem neuen Glauben aufgeschlossen, ja angeschlossen. Doch das erwies sich als Irrtum. In dem Aufbegehren, das nach Stalins Tod immer wieder an anderer Stelle im sowjetischen Lager aufflammte, wurde offenbar, daß die Völker sich nicht preisgegeben hatten, daß sie nur, um zu überleben, dem ärgsten Druck ausgewichen waren. Nun sahen sich die Parteiführer, auch die in Moskau, der Rebellion gegenüber, und da erkannten sie, daß sie, was sie den »Sozialismus« nannten, viel langsamer vorantreiben müßten. So milderte sich der Kommunismus. Die Menschen, die natürlichen Gemeinschaften und darunter auch die Nationen kamen wieder mehr zu ihrem Recht. Die Führer nahmen die Forderungen der Untertanen auf, machten sich manches davon zu eigen, und veränderten sich damit selber. Aus Kommissaren Moskaus wurden landesstämmige Vizekönige, in einigen Fällen sogar Nationalkönige. Die Völker wissen, daß ihre Landesherren, aus dem Moskauer Palast mit Mißtrauen beobachtet, ihnen Freiheiten nur in kleinen Mengen zugestehen möchten. Sie drängen die Obrigkeiten zu mehr. Aber sie haben auch erfahren, daß selten Bestand hat, was sie gegen den strikten Willen der Führer durchsetzten. Gleiches hat der Westen zu bedenken, wenn er für die Völker und die Dissidenten drüben etwas erreichen will.

Was tun für die Menschenrechte?
15. Juni 1977

Auf der Belgrader Nachkonferenz zu Helsinki, deren Vorbereitung in diesen Tagen mit Referentengesprächen beginnt, wollen die Vereinigten Staaten dem Sowjetblock beharrlich seine Mißachtung der Menschenrechte vorhalten. Die amerikanische Regierung wird die Debatte um den Korb 3 von Helsinki, der auch eine sowjetische Festlegung auf Menschenrechte enthält, mit Energie führen und sich nicht mit leeren Moskauer Formeln zufriedengeben. Anders klingt, was Bonn über seine Absichten in Belgrad laut werden läßt. Keine Konfrontation wegen Korb 3, kein heftiger Streit über Menschenrechte, der Ton soll auf der Zukunft liegen und nicht auf der Vergangenheit (die hier offenbar die Gegenwart einschließt), auf Zusammenarbeit und nicht auf Auseinandersetzung. Zurückhaltung scheint die Devise zu heißen.

Das Motiv kann sicherlich nicht sein, daß man sich moralisch zu wenig berechtigt fühlte, zu politischen Lasten der Sowjetunion in den Korb 3 zu langen, der Sowjetunion nach Helsinki Rechnungen zu präsentieren. Erinnern wir uns, wie die »Konferenz über Sicherheit und Zusammenarbeit in Europa« zustande kam. Die Sowjetunion hatte sich in den sechziger Jahren eine solche Veranstaltung in den Kopf gesetzt. Sie erhoffte davon die Anerkennung ihrer Kriegsbeute in Europa, die Festigung ihrer Herrschaft über das »Lager« und zugleich ein Auffasern des Westens. Ihr beharrlicher Wunsch, Helsinki solle der Konferenzort sein, ließ ahnen, daß sie ein Stück Finnlandisierung Westeuropas mit solch einer Veranstaltung zu erreichen hoffte. Der Westen fand wenig Gefallen an der ganzen Idee, gab aber schließlich dem sowjetischen Drängen nach.

Die Konferenz brachte ihrem Urheber dann nicht, was er sich von ihr versprochen hatte. Dem Westen aber gab sie einige Instrumente in die Hand, von der Sowjetunion etwas zu verlangen. Das Wichtigste ist der Korb 3. Wie kann es da unmoralisch oder auch nur unschicklich sein, die Instrumente zu gebrauchen? Wäre es umgekehrt ausgegangen, Moskau würde jetzt nicht zimperlich sein beim Ausnutzen seiner Gelegenheiten.
Eher schon ließe sich argumentieren, die Bundesrepublik habe mit der Sowjetunion und anderen Blockstaaten Verträge geschlossen, die humanitäre Regelungen für Deutsche in Osteuropa entweder enthielten oder jedenfalls erleichterten; damit fehle Bonn die Legitimation, kräftig im Korb 3 herumzurühren. Rechtlich gesehen hat auch das keine Basis. Für die Ostverträge hat Bonn dem jeweiligen Partner hohe Preise gezahlt. Mit dem Verzicht auf Positionen von Helsinki nochmals zu bezahlen, hat die Bundesrepublik keinen Anlaß. Die Ostverträge und Helsinki stehen auf verschiedenen Konten. Nur kein Durcheinander.
Gut wär's, wenn sich solche klare Trennung auch politisch durchhalten ließe. Aber die von der Regierung Brandt/Scheel zu vertretende Fehlerhaftigkeit der Ostverträge verwehrt es der Bundesrepublik, den Ertrag von Helsinki so zu verwerten, wie es andere westliche Länder ungeniert können – wenn sie wollen. Der deutsch-sowjetische Vertrag enthält nichts über die Umsiedlung deutscher Bewohner der Sowjetunion in die Bundesrepublik. Die Freigabe der in der Tschechoslowakei zurückgehaltenen Deutschen hat sich Bonn seinerzeit von Prag nur vage zusichern lassen. Mit Polen gab es eine Nachbesserung in einem neuen Vertrag, der endlich Zahlen enthält. Wenn die versprochenen 125 000 Deutschen aus Polen eines Tages da sind, wird die Ausreise eines jeden weiteren im Belieben der Warschauer Regierung stehen. Polen scheint seiner Ver-

pflichtung bis jetzt nachzukommen, die Sowjetunion läßt immerhin 10 000 Deutsche im Jahr ausreisen. Ost-Berlin öffnet seine Grenze wenigstens hin und wieder in sogenannten Härtefällen, nennt das aber die reine Gnade. Auf die von Prag einst angekündigte Großzügigkeit wartet man noch. Kann in solcher Lage die Bundesrepublik sich gänzlich frei fühlen, die Erklärungen von Helsinki laut einzuklagen?

Sicher nicht. Bonn muß in Belgrad beim Hantieren mit dem Korb 3 seiner Erpreßbarkeit Rechnung tragen. Das kann allerdings nicht auf einen Verzicht hinauslaufen. Der würde die Bundesrepublik nur noch erpreßbarer machen und an anderen Stellen schweren Schaden anrichten.

Zum einen würde eine deutsche Abstinenz von der Auseinandersetzung über die Menschenrechte die Lage der Oppositionellen, ja aller Bedrängten im Ostblock verschlechtern. Sie alle haben inzwischen gelernt, sich gegenüber ihrer Obrigkeit auf Helsinki zu berufen. Eigentlich haben erst die Dissidenten aus dem Korb 3 ein verwendbares Gerät gemacht. Es muß aber in ihrer Hand unbrauchbar werden, wenn der Westen sich seiner nicht mehr bedient. Wollte die Bundesrepublik aus der Reihe der Länder ausscheren, die auf die Erfüllung der Menschenrechtsdeklaration von Helsinki pochen, gäbe sie ein schlechtes Beispiel. Bei der in Westeuropa sich ausbreitenden opportunistischen Schlaumeierei der Sowjetunion gegenüber könnte dies leicht Nachahmer finden. Am Ende wäre der Korb 3 für die Dissidenten leer.

Hinzu kommt die Gefahr eines deutsch-amerikanischen Auseinanderdriftens. Bonn und Washington können es sich nicht leisten, in der Auseinandersetzung um die Menschenrechte in verschiedenen Richtungen zu marschieren. Das heißt, Carter kann Schmidt nicht auf seine Lautstärke in dieser Sache verpflichten. Aber es kann auch nicht

Schmidt die Bundesrepublik in Belgrad so operieren lassen, als hätte sie mit der amerikanischen Menschenrechts-Politik nichts zu tun.

Die Spur darf sich nicht verlieren
24. Januar 1980

Der Nobelpreisträger Sacharow wird am 22. Januar 1980 aus Moskau deportiert.

Schon lange, jahrelang, muß es den Mitgliedern des Obersten Wohlfahrtsausschusses der Sowjetunion, des Politbüros, in den Fingern gejuckt haben, wenn sie an den Nobelpreisträger Sacharow dachten: da lebte er in ihrem Moskau, in einem Haus, das ihnen gehört (denn was gehörte im Sowjetreich nicht ihnen), von ihrem Geld – und rief die westliche Welt auf, es der Sowjetunion nicht zu leicht zu machen, sich von ihr nicht alles bieten zu lassen, was sie drinnen und draußen vorhatte, mit eigenen Untertanen und fremden Ländern. Lange hat der Wohlfahrtsausschuß dem zugesehen. Er fand es wohl nützlich, nach dem Abtransport des einen ungebärdigen Nobelpreisträgers, des Dichters Solschenizyn, noch einen anderen im Lande und sogar in der Hauptstadt zu haben, den Physiker Sacharow, auf den man unmutige Anfrager verweisen konnte in der Flut von Repressionen gegen politische Opponenten: Seht her, da prangert uns einer an, und wir lassen ihn gewähren, lassen ihm sogar Gehalt, Titel und Orden.
Freilich, in der letzten Zeit schien sich die Großmut des Obersten Wohlfahrtsausschusses zu erschöpfen. Immer häufiger war Sacharows Telefon taub und stumm. Am

Dienstag dieser Woche war es dann soweit. Die Sicherheitsorgane haben Andrej Sacharow und seine Frau Jelena fortgeschafft. Wo sie die beiden festhalten, wie sie mit ihnen verfahren, was sie mit ihnen vorhaben, wissen wir nicht.
Es ist nicht erstaunlich, daß sich die sowjetische Obrigkeit Sacharow jetzt gegriffen hat; wahrscheinlich hatte sie dafür schon lange den Jahresanfang ins Auge gefaßt. Im Sommer sollen in Moskau Olympische Spiele sein, da wollte die Sowjetmacht rechtzeitig ihre Hauptstadt von Dissidenten säubern. Die meisten von ihnen sind der Weltöffentlichkeit unbekannt, die Namen besagen ihr nichts, und die Nachricht, sie seien aus Moskau entfernt, entzündet im Westen Unbehagen, aber keinen Flächenbrand der Empörung. Es ist darum für die Sicherheitsorgane der Sowjetmacht ziemlich einerlei, wie lange vor den Olympischen Spielen sie solche Opponenten aus Moskau entfernen; selbst wenn sie das vierzehn Tage vor Olympia-Beginn täten, wäre es nicht sehr riskant.
Bei Sacharow ist das anders. Ihn kennt alle Welt. Ihn erst wenige Wochen oder selbst Monate vor den Spielen wegzubringen, hieße eine häßliche Decke des Protestes über die Schmuck-Veranstaltung zu breiten. So mußten die Sowjetführer im vorigen Herbst kalkulieren. Ihr afghanisches Abenteuer ändert am Ergebnis wenig. Denn zwar werden die Olympischen Spiele jetzt in jedem Fall sichtbar, greifbar lädiert sein, was immer die einzelnen westlichen Regierungen ihren Sportlern anraten sollten; mit der Olympia-Pracht in Moskau ist es nun vorbei. Aber Spiele werden dort stattfinden, und wäre es nur eine erweiterte Sowjet-Spartakiade. Sportler aus dem Westen werden daran teilnehmen, westliches Publikum wird mitkommen. Das werden nicht alles Sowjetfreunde sein; mancher könnte laut nach Sacharow fragen. Je länger vor den Spie-

len er aus Moskau verschwindet, desto mehr hat sich die Welt im Sommer daran gewöhnt, daß er fort ist, desto weniger lästige Fragen gibt es.
Der Einmarsch in Afghanistan hat dem Politbüro aber einen neuen Anlaß geschaffen, sich mit der Deportation Sacharows zu beeilen. In der ganzen Welt erschallen nun die Proteste gegen die sowjetische Aggression, sagen Leute des öffentlichen Lebens Begegnungen mit Sowjet-Funktionären ab, gibt es öffentliche Demonstrationen gegen den sowjetischen Imperialismus. So häßlich hat der Sowjetstaat seit 1968, als er die Tschechoslowakei besetzte, nicht mehr ausgesehen. Da mag es den Sowjetführern schon nicht mehr darauf ankommen, daß es außerdem wegen Sacharow Lärm gibt. Mehr noch: sie werden auf eine Zersplitterung der westlichen Protest-Energien hoffen. Vielleicht, so könnten sie rechnen, gerät jetzt manchem Westler über seinem Zorn wegen der Deportation Sacharows der sowjetische Krieg gegen Afghanistan aus dem Blick, und das brächte Erleichterung an einer Stelle, wo der Druck der Weltmeinung Moskau unangenehm ist. Die westlichen Regierungen andererseits, so könnte das Kalkül des weiteren sein, sind jetzt beschäftigt mit ihrer Reaktion (oder deren Verweigerung) auf Afghanistan, und deshalb haben westliche Staatsmänner kaum Zeit, auch noch in Moskau für Sacharow zu intervenieren. Hat Carter jetzt nichts anderes zu tun, als Sacharow noch einmal einen Brief zu schreiben (sofern er herausbekommt, wie der Brief heute zu adressieren wäre)?
Wir im Westen können nur registrieren, können nur das wenige, was wir vom Schicksal Sacharows wissen, in einen Zusammenhang bringen. Die Sowjetmacht wird uns nicht auf dem laufenden halten. Sie wird uns aber laufend täuschen wollen – um die Beweise für ihr Umspringen mit Sacharow zu verwischen; um in der Welt ein Mißtrauen zu er-

zeugen, das sich bald immer mehr gegen die notgedrungen unsicheren, lückenhaften westlichen Berichte über Sacharow richtet als gegen die Moskauer Desinformation; um sich Schein-Gelegenheiten zu verschaffen, westliche »Antisowjet-Hetzer« und »Störer der Entspannung« zu entlarven.

Das darf uns nicht ablenken. Mag die Sowjetmacht Andrej Sacharow noch so tief in den Tiefen ihres Reiches verstekken wollen – wir müssen dem tapferen Mann und seiner beherzten Frau mit unseren suchenden Augen folgen, damit sich ihre Spur nicht verliert.

Was denken die Osteuropäer?
26. März 1980

Was ist in der Weltkrise nach Afghanistan der Wille, was das Interesse der Osteuropäer im Vorfeld der Sowjetunion? Das läßt sich schwer in eine Formel fassen. Da gibt es Nuancen schon zwischen den einzelnen Nationen, greifbare Unterschiede erst recht in jedem einzelnen Land. Fangen wir bei der Bevölkerung an. Sie wäre die Moskauer Oberhoheit gern los, so rasch wie möglich. Doch dieser Wunsch stößt sich an der Realität, der Macht der Sowjetunion. So möchte sie dieser Macht wenigstens Grenzen gezogen sehen – in der Überzeugung, daß der Druck auf Osteuropa nur zunehmen könne, wenn Moskau sich stärker fühlt. Dahinter steht die Hoffnung, eines Tages werde ein kontinuierlicher Niedergang der Sowjetmacht beginnen, in dessen Verlauf die ins »Lager« eingesperrten Völker ihre Selbstbestimmung wiedererlangten. Dies ist die Motiv-

Kette, welche den Großteil der Osteuropäer wünschen läßt, daß Afghanistan für Moskau zu einem Debakel werde, daß der Westen der Sowjetunion mit Sanktionen zusetze und sich zugleich politisch wie militärisch kräftige. Aus den gleichen Gründen hat die Bevölkerung Osteuropas seinerzeit die sowjetisch-chinesische Spaltung erwartungsvoll begrüßt.
Andererseits aber gibt es unter der Bevölkerung Osteuropas Ängste, eine Verschärfung im Ost-West-Konflikt könnte auch ihre Lage, jedenfalls für eine Weile, verschlechtern, könnte für Moskau der Anlaß sein, seine Hand noch schwerer auf solche Völker in seinem Imperium zu legen, denen es ohnehin nicht traut. Solche Befürchtungen sind bei den Völkern am stärksten, denen es gelungen ist, den Sowjets die Duldung etwas erträglicherer innerer Verhältnisse abzutrotzen oder abzulisten, also bei den Polen und den Ungarn, sodann bei den Ost-Deutschen, denen die deutschlandpolitischen Besonderheiten einige Erleichterungen bringen; weniger bei den Tschechen und Slowaken, die sich unvermindert fest im sowjetischen Griff fühlen.
Die Rumänen wiederum, die in den letzten Jahrzehnten wenig an innerer Reform, dafür aber ein Stück nationale Souveränität gewonnen haben, bangen darum: Könnte es nicht sein, daß die Sowjetunion Bukarest in die Block-Disziplin zurückzwingt, wenn der weltpolitische Wind eisig weht?
Ähnlich gespalten wie die Untertanen sind offensichtlich die unteren Funktionäre. Zwar trennt ihre Kasten-Zugehörigkeit sie von den »Werktätigen«. Doch sie leben unter den Leuten, hören oder spüren, was die denken, und können oft gar nicht anders, als etwas davon aufzunehmen. Selbst wenn das nur zum Schein geschieht – auf die Dauer entsteht ein doppelspuriges Bewußtsein und manchmal

auch ein ebensolches Verhalten. So erklärt sich das Phänomen, daß kleine Parteifunktionäre nicht viel anders gestimmt sind als das Volk, aber eben dieser Stimmung entgegentreten sollen. Das Heer der kleinen Funktionäre im Ostblock, so muß man annehmen, wünscht der Sowjetunion im Afghanistan-Abenteuer eigentlich keinen Erfolg, fürchtet jedoch für das eigene Land mögliche Konsequenzen eines Moskau vom Westen bereiteten Mißerfolgs.
Anders ist die Interessenlage des hohen Parteiadels. Der fühlt sich (mit Ausnahme des rumänischen) in seiner Existenz und Macht von der Sowjetunion garantiert, also abhängig; die Parteichefs und die Leute in ihrem Umfeld hängen wie mit einer Nabelschnur am Moskauer Politbüro. Diese Schicht ist mit der Sowjetunion auch in der Afghanistan-Affäre solidarisch – freilich nicht soweit, daß sie das Unternehmen mit Freude betrachtete; sie sieht davon neue wirtschaftliche Lasten auf den ganzen Block zukommen. Der Pole Gierek und der Ungar Kadar bangen außerdem wohl um ihren politischen Spielraum, Honecker um den wirtschaftlichen Nutzen sowie um den politisch-psychologischen Entlastungseffekt des besonderen deutsch-deutschen Verhältnisses. Aber keiner der Parteiführer im Lager (außer Ceausescu) kann sich ernsthaft wünschen, daß der Westen den Sowjets ihre Landnahme in Afghanistan in eine weltpolitische Niederlage verwandle, die ein Signal dafür sein könnte, daß der sowjetische Imperialismus den Zenit überschritten hätte.
Der Westen kann sich nicht am Machtbewahrungsinteresse der osteuropäischen Parteiführungen orientieren. Für ihn kommt auch nach der Afghanistan-Krise das, was die Politbüros der kleineren Länder im sowjetischen Lager wünschen, nur insoweit als mögliches Motiv zum Handeln oder Unterlassen in Betracht, als sich darin Wünsche der Völker spiegeln. Der Westen muß auf die Völker Osteuro-

pas schauen. Die scheinen hin- und hergerissen zwischen zwei Interessen: dem einen, den ungeliebten Despoten Sowjetunion aufgehalten, gezügelt, geschwächt zu sehen – und dem anderen, das Stück innenpolitische Erleichterung und Öffnung zum Westen zu verlieren, das Moskau ihnen in den sechziger und siebziger Jahren ungern zugestand.
Das eine rät dem Westen Härte gegenüber Moskau an, das andere eine Politik sorgsam abgemessener Reaktionen auf Afghanistan. Aber die zwischen der Bundesrepublik und der Sowjetunion lebenden Völker haben noch ein wichtigeres Interesse: daß der Westen sich von Moskau nicht an die Wand drängen, sich nicht erpreßbar machen lasse. Denn wenn das weltpolitische Gleichgewicht zugunsten der Sowjets zerstört ist, haben in Osteuropa alle Besonderheiten, alle Erleichterungen rasch ein Ende.

Wenig Ansehen und viel Macht
17. Februar 1981

Am Beginn der achtziger Jahre ist das Ansehen des Sowjetkommunismus auf einem Tiefpunkt. Den Sinngehalt des Begriffs bestimmen Kennworte wie Afghanistan, Polen, politische Gefangene, Wirtschaftsmisere. Gewisse technische und zivilisatorische Leistungen der Sowjetunion können das nicht aufwiegen.
Der Reputationsverfall des Sowjetreiches ist in der westlichen Welt allgegenwärtig. Früher besaß der Prosowjetismus und Proleninismus im westlichen Sozialismus starke Bastionen. Der Ablösungsprozeß war in mehreren sozialistischen Parteien langwierig und wechselvoll. Er hat aber

allmählich zur Selbstbefreiung aus der babylonischen Gefangenschaft der Volksfront-Besessenheit geführt. Ist es nicht symptomatisch, daß ein tschechischer Emigrant von 1968 mit Hilfe der italienischen Sozialisten ins Europäische Parlament einzog?
Aber im Westen haben nicht nur die Sozialisten, sondern sogar die Kommunisten vom Sowjetkommunismus Abstand genommen. Freilich, da muß man sich vor Illusionen hüten. Keineswegs ist der ganze west-europäische Kommunismus diesen Weg gegangen. Den »Eurokommunismus« als Gemeinschaft der sich allesamt entsowjetisierenden, entleninisierenden kommunistischen Parteien Westeuropas gibt es nicht. Verschieden fest sind die Bindungen der einzelnen westlichen K-Parteien an die sowjetische, und unterschiedlich entwickelt ist das Bestreben, sie zu lockern. Die portugiesischen Kommunisten wollen nichts von ihrer leninistisch-stalinistischen Tradition aufgeben. Der französische Kommunistenführer Marchais hat mit seinen demokratischen, freiheitlichen und national-autonomistischen Eskapaden nur eine Weile das Volk täuschen wollen; immerhin gärt es in seiner Partei unter den Intellektuellen und den Jungen.
Die italienischen Kommunisten treiben mitten im Strom zwischen dem sowjet-leninistischen und dem demokratisch-sozialistischen Ufer und scheinen unschlüssig, wohin sie sich wenden wollen. Doch die neuen Wähler, die ihnen seit der Mitte der siebziger Jahre zuströmten, wollten nicht einen Ableger des Ostblock-Kommunismus stärker machen, sondern eine Oppositionspartei, welche die italienische Demokratie besser zu verwalten versprochen hatte. Am weitesten hat sich die spanische Kommunistische Partei von Lenin und Breschnew entfernt, unter der Führung Carrillos. Die Gegenkräfte rühren sich; doch ihre Kämpfe sehen nach Rückzugsgefechten aus. Demokratie und Frei-

heit können auf den westeuropäischen Kommunismus nicht zählen; aber Moskau entfremdet er sich mehr und mehr.
Das scheint anders zu sein in manchen Regionen der Dritten Welt, in Mittelamerika vor allem, wo Kuba, der lateinamerikanische Außenposten des sowjetischen Lagers, revolutionäre Bewegungen inspiriert und dirigiert. Doch die unruhigen Bevölkerungen dort wünschen sich nicht ein Leben wie in Kuba und nicht eine Politbüroherrschaft. Castros Popularität in einigen Ländern Lateinamerikas beruht auf alten Irrtümern, die, abgedeckt vom Streben nach sozialer Befreiung und von einem nationalistisch-antiamerikanischen Rausch, überleben können.
Am wenigsten halten vom Sowjetkommunismus die kleineren Nationen des europäischen Sowjetblocks. Es ist nützlich, sich daran zu erinnern, daß Moskau dort 1945 an mehreren Stellen mit Chancen anfangen konnte. In Polen war nun zu der traditionellen Russenfeindschaft die neue Erfahrung gekommen, daß immerhin die Rote Armee die Deutschen aus dem Lande vertrieben hatte. In der Tschechoslowakei erreichte die panslawistische Gefühlswoge ihren Höhepunkt. Panslawistische Sympathie kam den Sowjets auch in Jugoslawien entgegen. Ein Teil der Rumänen schien bereit, sich mit der Sowjetunion als neuer Schutzmacht innerlich abzufinden.
Von alledem ist nichts geblieben. In dreieinhalb Jahrzehnten hat die Sowjetunion ihr osteuropäisches Vorgelände in eine Sympathie-Wüste verwandelt. Niemand mag dort die östliche Vormacht und ihre innere Ordnung. So weit geht die Abneigung, daß sie sich selbst gegen die russische Sprache richtet. So fühlt denn das Moskauer Politbüro nur im eigenen Sowjetland noch festen Boden unter den Füßen. Aber selbst da schwankt es an den Rändern.
Und doch, dieser in der Welt ungeliebte Sowjetkommu-

nismus ist heute auf der Höhe seiner äußeren Macht. Längst sind die Zeiten vorbei, da sich Amerika als die erste Weltmacht betrachten konnte; sogar ein amerikanischer Anspruch, der Sowjetunion ebenbürtig zu sein, müßte hohl klingen. Die neue amerikanische Regierung gibt nur der Realität die Ehre, wenn sie es zu ihrem Ziel erklärt, das Machtgleichgewicht wiederherzustellen.

Im ökonomistisch orientierten Westen ist die Versuchung groß, dem militärischen Vorsprung der Sowjets ihren wirtschaftlichen Rückstand gegenüberzustellen, ihre Kriegsmacht entwertet zu sehen von ihrer Wirtschaftsohnmacht. Dabei wird etwas übersehen: In Rußland bricht sozialer Protest allenfalls dann aus, wenn es nicht einmal mehr Brot gibt. Brot aber gibt es meistens, und immer ist eine starke, wachsame Polizei da, vor der sich das Volk fürchtet.

Ein seltsamer Widerspruch: der Sowjetkommunismus auf der Höhe seiner Macht und auf dem Tiefpunkt seines Ansehens. Wie mag sich das einst auflösen? Wird das Ansehen der Macht nach oben folgen – oder die Macht dem Ansehen nach unten? Manches spricht für die zweite Variante. Aber wenn es so kommt – die Zeit bis dahin wird für den Westen voller Gefahren sein.

Nicht nur zu Geburtstagen
30. Mai 1981

Neulich war im Westen viel von dem sowjetischen Dissidenten Sacharow die Rede. Berichte in den Zeitungen und im Rundfunk beschrieben, wie der Gelehrte und Nobelpreisträger in der Stadt Gorki in der Verbannung lebt; wie die Geheimpolizei ihn unausgesetzt bespitzelt, bestiehlt, bedrängt; daß er manchmal dem Verzweifeln nahe ist. Westliche Organisationen, die sich um Opfer politischer Verfolgung kümmern, appellierten an die Moskauer Obrigkeit, Sacharow menschenwürdig zu behandeln. Was war für all das der Anlaß? Sacharow wurde am 21. Mai sechzig Jahre alt. Vor diesem Geburtstag hatte man im Westen lange nicht mehr von ihm gesprochen, und danach fällt er bei uns, so scheint es, wieder der Vergessenheit, der Vergeßlichkeit anheim.
Doch eine Pflicht, die wir nicht abstreifen können, gebietet uns anderes, und nicht nur gegenüber Sacharow. In Osteuropa Verfolgte sind auf unsere Interventionen angewiesen. Und solche Interventionen von Politikern, von anderen Persönlichkeiten des öffentlichen Lebens, von Vereinigungen setzen voraus, daß sich die Öffentlichkeit hier für die dort Bedrängten interessiert, daß sie sich mit ihnen beschäftigt. Sie signalisieren es uns aus den Gefängnissen und Verbannungsorten: Vergeßt uns nicht, redet laut von uns, protestiert gegen die Mißhandlungen, denen wir ausgesetzt sind, interveniert bei unserer Regierung; nur ihr im Westen könnt uns helfen. Und alle politischen Häftlinge, Dissidenten, die in den Westen freigelassen werden, bestätigen es hier.
Es gibt in den westlichen Ländern genug Leute, die sich dieser Verantwortung bewußt sind. Doch sie stoßen an

Grenzen ihrer Möglichkeiten: es ist schwer in unserer Öffentlichkeit, das Interesse am Schicksal osteuropäischer Dissidenten beständig wachzuhalten, am Schicksal von Leuten, die hier niemand recht kennt und deren schweres Leben sich hier in der Freiheit und im Wohlstand niemand so recht vorzustellen vermag. Und dann: es sind so viele – in der Sowjetunion und in anderen osteuropäischen Staaten. Ist es da eigentlich gerecht, sich um einige wenige, zum Beispiel um Sacharow, zu bemühen, wenn Hunderte andere niemanden haben, der sich für sie einsetzt? Aber wäre es gerechter, sich um keinen zu kümmern?
Wer den in Osteuropa Verfolgten helfen will, der darf sich nicht vom Zweifel an der Gerechtigkeit des Eintretens nur für einzelne überwältigen lassen. Er muß tun, was er kann – wie wenig das ihm erscheinen, wie wenig es sein mag. Er braucht dabei nicht nur Mut, sondern auch Ausdauer. Der frühere amerikanische Präsident Carter schrieb einmal Sacharow einen persönlichen Brief; aber bald darauf ließ er seinen Kampf für die Menschenrechte in Osteuropa versacken. Indessen, dieser guten Sache schadet nichts so sehr wie Sprunghaftigkeit und Wankelmütigkeit. Nur wer mit der Beständigkeit eines Drillbohrers arbeitet, erreicht etwas. Mancher westliche Politiker, der seine osteuropäischen Gesprächspartner durch Jahre immer wieder nach einem politischen Gefangenen fragte, hat schon dessen Freilassung erreicht. Und nicht nur Politiker können solche beharrlichen Fragen stellen, sondern auch Gelehrte, Künstler, Sportler, in manchen Situationen sogar Männer der Wirtschaft.
Das Risiko ist zu bedenken. Aber manchmal besteht es nur darin, daß ein Bankett sich etwas frostiger anläßt – der Preis ist sicher nicht zu hoch. Und man darf auch nicht vergessen, daß mächtige Partei- und Staatsführer in Osteuropa heimlichen Respekt haben vor Repräsentanten der

westlichen Welt, die ihnen mit Charakter und Mut gegenübertreten. Freilich, zur Courage muß Augenmaß, der Sinn fürs Erreichbare kommen. Wer nur Gesinnungsproben ablegen will, wird nichts bewirken und kann zerstören, was andere mit Klugheit vorbereitet haben.

Dies ist auch nicht ein möglicher Nebenschauplatz im Ost-West-Konflikt. Gewiß, die Menschenrechte sind die Idee, die der Westen der sowjetischen Ideologie entgegensetzt. Doch wer das Bemühen um einzelne Verfolgte stets in diese prinzipielle Auseinandersetzung hineinwebt, der wird mehr dem Prinzip nützen, als dem einzelnen helfen.

Es gibt keine feststehenden Regeln für den mühseligen Kampf um die Rettung Verfolgter in der kommunistischen Welt, um Erleichterung für sie. Das ist eine Arbeit, bei der wechselnde Situationen wechselnde Methoden verlangen. In manchen Fällen läßt sich schon damit etwas erreichen, daß westliche Nachrichtenmedien Kenntnisse vom Schicksal eines Verfolgten in dessen Heimatstaat verbreiten. Manchen kommunistischen Obrigkeiten in Osteuropa scheint es geraten, sich bei der Unterdrückung einzelner unliebsamer Untertanen zurückzuhalten – die eigene Bevölkerung könnte unruhig werden, und ein kommunistisches Regime hat am liebsten die Ruhe im Land, die es nicht erst herstellen muß. Doch in einigen kommunistischen Ländern ist der Druck auf die Bevölkerung so stark, daß selbst vorsichtiges Bekunden von Anteilnahme am Schicksal eines Bedrängten außerhalb dessen liegt, was sich die Untertanen zutrauen. Da ist Sympathiedruck aus dem Lande nicht zu erwarten; nur die Intervention aus der nichtkommunistischen Welt kann helfen.

Die Mittel sind vielfältig – die Arbeit darf nie ruhen, wir dürfen sie nie aus der Hand legen. Sacharow und seine vielen Leidensgefährten in Osteuropa, für das wir Westeuropäer eine besondere Verantwortung tragen, dürfen uns nicht nur an ihren Geburtstagen interessieren. Wir müssen immer für sie dasein, denn sie haben niemanden als uns.

Was wünschen sich die Osteuropäer?
4. September 1981

Ungleich sind die Sehnsüchte in den beiden Hälften unseres Kontinents. Wie viele Westeuropäer möchten schon in Osteuropa leben – die meisten haben noch nicht einmal Lust, für ein paar Wochen hinzufahren. Westdeutsche und Holländer, Schweden und Franzosen fühlen sich in Osteuropa fremd. Und selbst wenn sie die Sprache eines osteuropäischen Volkes sprechen und seine Sitten schätzen, sie wollten in dem Lande darum nicht wohnen, weil es kommunistisch ist.

Von Ost nach West hingegen zieht es Ungezählte. Millionen Bewohner des Sowjetimperiums lockt die Vorstellung wie ein Märchenbild, sie könnten auf einmal für immer im Westen sein. Viele Osteuropäer brechen eines Tages in den Westen auf, überqueren die Grenze – manchmal mit Gefahr für ihr Leben – und begrüßen dann das Ziel ihrer Reise wie ein gelobtes Land. Manche von ihnen wollen ungerechter Verfolgung entgehen; doch die meisten treibt eine existentielle Gewißheit, daß es hier ganz anders und unvergleichlich besser sei.

Was suchen sie bei uns? Sicherlich zumeist mehreres; aber alle das gleiche, nur in unterschiedlichem Mischungsverhältnis. Wer der leninistischen Unterdrückung entgehen und im Westen in Freiheit leben möchte, der erwartet sich dort auch ein materiell leichteres Leben – daß er mehr ver-

dient, daß er für sein Geld auch etwas Ordentliches erhält, daß er nicht mehr Schlange stehen, nicht mehr Abenteuer bestehen muß, ehe er an ein Ersatzteil kommt. Und wer, umgekehrt, um solcher Vorteile willen herstrebt, dem gibt es einen weiteren Ansporn, daß er sicher ist, er könnte im Westen auch frei reden, alles lesen, ohne Nachteil in die Kirche gehen, und er müßte nicht den Marxismus und die Partei grüßen wie einen Gessler-Hut. Wen es aus dem Osten in den Westen zieht, der möchte hier so leben wie wir. Aber freilich, die Fortstrebenden sind eine Minderheit. Fragte man die Osteuropäer, die ans Fortgehen nicht denken, weil die Aussicht fortzukommen viel zu gering ist, als daß das Darandenken einen Sinn hätte, oder weil sie mit ihrer ganzen Existenz an ihrer Heimat hängen oder weil es ihnen, und dies sind viele Millionen, daheim immerhin leidlich geht – fragte man die alle, dann käme sicher heraus, daß auch sie sich ein Leben wünschen, wie sie gehört haben, daß wir es führten.
Da gehen die Vorstellungen freilich über die Wirklichkeit hinaus. Die Quellen der Erkenntnis sind nicht alle rein. Viele Osteuropäer machen sich ihr Bild vom Westen nach ihren Erfahrungen mit westlichen Ferienreisenden. Aber wer in den Ferien ist, schaut nicht auf den Pfennig; und manchem dienen die Ferien auch als Gelegenheit zu zeigen, was er hat – gar in Osteuropa, wo es viel leichter ist, wegen materieller Güter bestaunt zu werden.
Aus dem Westen kommen auch Verwandte und Freunde und bringen herrliche Sachen mit. Die Überlegung, ob wohl der Gast sich daheim derartiges oft leistet, leisten kann, liegt dann ziemlich fern. Kataloge westdeutscher Versandhäuser gehen in Osteuropa von Hand zu Hand wie Reiseberichte aus dem Paradies – und daß die Herrlichkeiten, die da in so wunderbaren Farben leuchten, drüben ihr Geld kosten, daß niemand im Westen sich alles auf einmal

kommen lassen kann, was das Zauberbuch herzeigt –, wer mag sich das schon eindringlich vorstellen? Die Mär vom goldenen Westen gilt im Osten als die reinste Wahrheit.
Aber wollen die Bewohner der Länder östlich von Deutschland wirklich, daß bei ihnen alles so werde, wie es bei uns ist? Das Leben im westlichen Teil Europas hat Seiten, die schon heute manchen im östlichen bedenklich stimmen, die dort noch viel mehr abschreckten, wenn genaue Kenntnis darüber verbreitet wäre: die Massenarbeitslosigkeit in Italien etwa oder der Terrorismus; die Streikwillkür in manchen westlichen Ländern, die nicht einmal vor den Krankenhäusern haltmacht; die Massengewalttätigkeit auf den Straßen, die man bei uns hinter dem Namen »Demonstrationen« zu verbergen sucht; oder der Rauschgiftwahnsinn, der auch über die Grenzen Osteuropas hinüberschwappt. Und es ist ja auch eine krause Idee, daß die Osteuropäer sich wünschten, für sexuelle Perversionen solle bei ihnen ebenso eifrig geworben werden wie bei uns.
Osteuropäer, die den Westen näher kennen, befremdet hier die zu hohen Graden getriebene Rücksichtslosigkeit, eine Gesinnung und Praxis der Ellenbogen, ein Mangel an Mitmenschlichkeit. Die Beobachtung, daß sich bei uns immer mehr junge Paare zusammenfinden mit dem erklärten Ziel, keine Kinder zu bekommen, läßt sie zweifeln, ob uns etwa der Sinn fürs Natürliche abhanden komme. Und die Erfahrung, daß hier Hunderttausende junger Leute in den Schulen an der Literatur und der Geschichte vorbeigeleitet werden, läßt sie fragen, ob die Kultur im westlichen Deutschland zugunsten eines Kulturbetriebs für wenige abdanke.
Vielleicht, sagt mancher hier mit wissendem Lächeln, fielen sie drüben alledem auch anheim, wenn sie erst unseren materiellen Wohlstand besäßen, nach dem es sie doch so

verlangt. Wer weiß? Aber wenn das stimmte – was besagte es eigentlich? Daß wir im Westen den materiellen Überfluß nicht richtig genutzt, daß wir ihn geistig nicht beherrscht haben, sondern uns von ihm treiben ließen. Und daß wir damit nun auch noch den Osteuropäern ein schlechtes Beispiel geben.

Wer hilft den Osteuropäern?
10. November 1982

Die von der Sowjetunion unterworfenen Völker Osteuropas sind nach ihrer ethnischen Herkunft, nach Geschichte, Kultur, Sprache und Lebensart ganz verschieden. Auch ihre heutige Lage ist nicht gleich; es gibt im Sowjetblock durchaus Abstufungen der Unfreiheit. Aber in einem stimmen diese Völker alle überein: Sie wünschen sich, daß ihr Dasein, wie es heute ist, sich grundlegend verändere, daß sie ein eigenes Leben, ein Leben ohne Fremdherrschaft führen können. Doch wenn sie mit solchem Begehren in die Zukunft schauen, welcher Ausblick eröffnet sich ihnen da?

Die Erfahrungen, die sie in bald vier Jahrzehnten sammeln konnten, versprechen ihnen nicht viel. Am sichersten wissen sie, daß sie vom Westen wenig zu erwarten haben. Denn welche Politik immer der Westen gegenüber der Sowjetunion betrieben hat – für die im sowjetischen Lager gefangenen Osteuropäer waren die Unterschiede gering. Erinnern wir uns an die – für den Westen unvermeidliche – Politik der Konfrontation im sogenannten kalten Krieg in den endvierziger und den fünfziger Jahren: die osteuropäi-

schen Völker durchlitten damals ihre schlimmste Zeit, und es besserte an ihrem Schicksal nichts, daß die westliche Welt den Sowjets entschlossen entgegentrat, um eine weitere Ausdehnung ihres Imperiums zu verhindern. Dies ergab nur eine vage Verheißung – daß der Westen sich nicht überrollen lasse, daß er bestehenbleibe und später einmal, wenn sich etwas wenden sollte, als Faktor dasein werde. Die sechziger und siebziger Jahre brachten dann, nach einer ungewissen, wechselhaften Zwischenphase, die »Entspannung«. Inzwischen hatte sich das Los der Osteuropäer erleichtert. Doch das war nicht auf das Ende des kalten Krieges zurückzuführen, sondern auf innere Veränderungen im sowjetischen Machtgefüge und auf eigene Leistungen der Völker Osteuropas. Die Entspannung hat dem wenig hinzugefügt.
Aber auch die Ende der siebziger Jahre angebrochene Periode einer mehr auf Eindämmung des Sowjetkommunismus und auf Gleichgewicht bedachten Ostpolitik des Westens hat den Osteuropäern bisher nicht viel Nutzen gebracht. Der neue Ostkurs, dessen Protagonisten der amerikanische Präsident Reagan und die britische Premierministerin Thatcher sind, hat den Osteuropäern keine Hoffnung eröffnet; freilich hat er ihnen auch keine genommen.
Wenn der Westen Osteuropa offensichtlich nicht gegen die Sowjetunion helfen kann – gibt es für die Osteuropäer etwa eine Aussicht, daß günstige Veränderung für sie aus der Sowjetunion selber komme? Das heißt: Könnte sich der Sowjetkommunismus so lockern, daß den Völkern im Vorhof der Sowjetunion Erleichterung zukäme? Das läßt sich nicht für alle Zukunft ausschließen, denn noch jede Herrschaftsordnung in der Welt hat sich gewandelt. Doch um den Zeitraum richtig abzuschätzen, um den es dabei gehen könnte, muß man sich vor Augen halten, wie viele Jahrhunderte schon in Rußland Despotismus herrscht.

Eine Öffnung zu Freiheit und Demokratie, die auch die Herrschaft über andere Völker diesen erträglicher machen könnte, zeichnet sich in der Sowjetunion nicht ab. Eitel sind dabei die Hoffnungen auf die neue technokratische Schicht. Die hält nicht, was sich mancher im Westen von ihr versprochen hat. Sie ist nur an Privilegien unpolitischer Art, nicht aber an politischen Reformen interessiert.

Wenn also die Osteuropäer weder aus dem Westen noch aus dem Osten Erleichterung zu erwarten haben – können sie sich dann selber helfen? Sie haben es in den vergangenen Jahrzehnten mit mancherlei Aufbrüchen versucht. Die einzelnen Ergebnisse waren unterschiedlich, die Gesamtbilanz fällt zwiespältig aus. Der Volksaufstand in der DDR von 1953 hat kaum bleibende Errungenschaften hinterlassen. Fortschritte, die es für die Bevölkerung in der DDR später gab – in der Kirchenpolitik oder im Materiellen –, hatten andere Ursachen. Anders die polnische und die ungarische Erhebung von 1956: beide haben sich ausgezahlt, wobei die Ungarn auf den Lohn freilich lange Jahre warten mußten. Der Prager Frühling von 1968 hat den Tschechen und Slowaken nichts hinterlassen als bittere Enttäuschung. Das polnische Aufbegehren von 1970 brachte nur einen Personenwechsel an der Spitze des Regimes. Die Bewegung von 1980, die in die Gründung der Gewerkschaft »Solidarität« mündete, ist einstweilen von der bewaffneten Militärmacht erstickt; ob sie dennoch wohltätige Spuren im Land hinterlassen wird, kann heute niemand sagen.

Mögen die Auflehnungs-Bilanzen der einzelnen Nationen im Vorhof der Sowjetunion unterschiedlich ausfallen – im ganzen hat sich das Aufbegehren doch gelohnt. Osteuropa sähe heute anders aus, wenn die Völker dort sich seit 1945 nie gerührt hätten. Doch daraus ist schwer eine Anleitung zum Handeln zu gewinnen. Nur ein einzelnes osteuropäisches Volk kann sich für ein Aufbegehren entscheiden. Das ist indessen oftmals keine freie Entscheidung in dem Sinn, daß das Volk auch anders könnte, sondern innere, existentielle Notwendigkeit. Und darum ist auch an die Folgen nicht die Elle des äußeren, sichtbaren Erfolgs anzulegen. Erfolgloses Aufbäumen kann einer Nation zuträglicher sein als das Sichweiterfügen in einen unerträglichen Zustand. Vielleicht kommen die Völker Osteuropas nur so – mit erfolgreichem und erfolglosem Aufbegehren – beschädigt, aber ungebrochen durch die Zeit der Sowjetherrschaft. Bis dann eines Tages die Sowjetmacht vielleicht doch nicht mehr die Kraft hat, Osteuropa niederzuhalten.

Der Papst – nach Osten schauend
24. Januar 1984

Unbeirrt führt der Vatikan seine Ostpolitik weiter – geräuschlos, zäh, mit langem Atem. Das Räderwerk der päpstlichen Ost-Diplomatie arbeitet. Ihre Methoden sind unterschiedlich, berücksichtigen die Politik der einzelnen kommunistischen Länder. Manche leninistische Obrigkeit strebt nach der sichtbaren, ja sogar der formalisierten Verbindung mit dem Vatikan; da kann es diesem zuweilen sogar geboten erscheinen, etwas zu bremsen. Die polnische Regierung zum Beispiel wünscht seit langem diplomatische Beziehungen (anstelle der inoffiziellen, wenn auch lebhaften) zum Heiligen Stuhl. Bedenken dagegen kamen aus der Polnischen Bischofskonferenz und aus dem polnischen Klerus und Kirchenvolk. Sie scheinen jetzt so gut wie überwunden zu sein. Vor einigen Tagen sagte der pol-

nische Primas, Kardinal Glemp, die diplomatische Anknüpfung sei noch in diesem Jahr möglich.
Um den Vatikan bemüht sich auch die DDR. Mit ihr ließen sich, wenn der Papst es wollte, rasch Botschafter austauschen. Aber die Fährnisse der »deutschen Frage« lassen den Papst zurückhaltend sein. Die SED will mit diplomatischer Anknüpfung zum Vatikan die deutsche Spaltung vertiefen, während die Katholiken in der DDR möglichst viel deutschen Zusammenhalt bewahren möchten. Doch sieht der Vatikan darauf, daß das Gespräch mit Ost-Berlin nicht abbricht und daß es seinen leicht freundlichen Ton behält. Sollte der Papst im Herbst die Katholiken in Jugoslawien besuchen, würde er auch mit der Staatsführung zusammentreffen, der diese Begegnung überaus erwünscht wäre.
Andere osteuropäische Staaten, wie Rumänien oder die Tschechoslowakei, wehren vatikanische Bemühungen um Kontakt eher ab. Doch läßt sich Rom nicht entmutigen. Der Papst empfing Ende des letzten Jahres den tschechoslowakischen Außenminister in der Hoffnung, er könne so das Gespräch über Erleichterungen für die Kirche in Böhmen, Mähren und der Slowakei wiederbeleben, das Prag veröden läßt. Auch mit Rumänien, das vor allem aus Rücksicht auf seine orthodoxe Kirche zur Zeit offizielle Begegnungen mit dem Vatikan vermeidet, sucht Rom den Kontakt nicht zu verlieren.
Aber der Papst hat offenbar noch mehr vor. Kardinal Glemp wartet auf eine Einladung des russischen Patriarchen Pimen nach Moskau. Wenn es zu dieser Reise käme, führte sie zu mehr als nur zu einer Begegnung zwischen dem polnischen Katholizismus und der russischen Orthodoxie. Für die Russen waren in der Geschichte die Begriffe katholisch und polnisch fast gleichbedeutend; und andererseits ist nach dem Willen der sowjetischen Führung das

Moskauer Patriarchat das Eingangstor, durch das alle westlichen Kirchen gehen müssen, wenn sie mit der Sowjetmacht reden wollen. Niemand weiß, wie lange Glemp auf ein Zeichen von Moskau wird warten müssen; aber sicherlich hat ihn der Papst darin bestärkt, die Geduld nicht zu verlieren.

Johannes Paul II. sucht das Gespräch mit den kommunistischen Regierungen Osteuropas wie vor ihm Paul VI. Die Maxime der vatikanischen Ostpolitik bleibt: so viele Erleichterungen, so viele Sicherheiten wie möglich für die Kirche in den kommunistischen Ländern schaffen. Unter Paul VI. setzte Rom an die erste Stelle das Ziel, den Kirchen in Osteuropa Bischöfe zu geben. Der Grund gilt auch heute noch: Eine hierarchisch verfaßte Kirche braucht eine möglichst vollständige Hierarchie. Neben dem Papst geben in der katholischen Kirche die Bischöfe den Priestern wie den Laien Orientierung und Halt.

Aber daraus ergibt sich auch, daß die Ergänzung eines Landes-Episkopats für die Kirche nicht unter allen Umständen ein Gewinn sein muß. Bischöfe, die ganz ans kommunistische Regime angebunden sind, können der Kirche mehr schaden als nützen, weil sie die Priester desorientieren und die Gläubigen der Kirche entfremden. Solche Erfahrungen mit neuen Bischöfen, welche die kommunistische Obrigkeit Rom in einem Tausch von Zugeständnissen einst aufdrängte, hat es vor allem in der Tschechoslowakei gegeben. Johannes Paul II. scheint daraus die Folgerung zu ziehen, es könne in manchem Fall das kleinere Übel sein, in einer osteuropäischen Diözese einstweilen keinen Bischof zu haben. Auch steht dem polnischen Papst vor Augen, daß ein vollständiger Episkopat einer Kirche wenig hilft, wenn der Staat nicht zuläßt, daß sie genügend neue Priester bekommt, wenn er den Pfarrern mit Schikanen die Seelsorge unmöglich macht.

Die Ziele des Vatikans in Verhandlungen mit kommunistischen Staaten sind jetzt etwas anders gewichtet; ein umstürzendes Ändern der Rangordnung würde schon am Willen der kommunistischen Verhandlungspartner scheitern, den Faktor »Religion« in ihrem Land so eng wie möglich einzugrenzen.
Immer werden Verhandlungen zwischen Rom und kommunistischen Staaten ein zäher Kampf sein. Die leninistische Obrigkeit ist dabei der Stärkere. Sie besitzt die Macht, Gläubige und Priester zu unterdrücken. Doch hat auch der Vatikan etwas aufzubieten: das gestiegene Ansehen des Papsttums, das Interesse eines zunehmenden Teils der Weltöffentlichkeit für das Schicksal der Kirche in Osteuropa und vor allem das wachsende religiöse Bedürfnis der Osteuropäer, ihr Streben zur Kirche. Die osteuropäischen Politbüros haben Grund, darauf zu achten, daß sie nicht auf zu vielen Feldern mit dem Volk zusammenstoßen.

Der Kommunismus schrumpft
7. Dezember 1983

Überall auf der Welt läßt die Anziehungskraft des Kommunismus nach – seiner Lehre wie seiner politischen und sozialen Ordnung. Am auffälligsten ist der Rückgang in den kommunistischen Ländern Europas zwischen der Sowjetunion und dem Westen, im oft so genannten »Zwischeneuropa«. Freilich, hatte sich der Kommunismus dort je in den Köpfen und Herzen der Völker festgesetzt? Am Ende der vierziger Jahre sah das westliche Publikum mit einer Mischung aus Grausen und Verwunderung den Aufmärschen zu, den »freiwilligen« Arbeitseinsätzen, dem Massenbeitritt zur Partei und ihren Hilfsorganisationen hinter dem Eisernen Vorhang. Aber schon 1953, stärker dann 1956 offenbarte sich, wie künstlich das alles gewesen war. Heute ist der Kommunismus als Theorie und Praxis in Zwischeneuropa ein verdorrter Baum.

Nach dem Krieg erlebte in einigen osteuropäischen Ländern der überlieferte Nationalismus eine Blüte. Wo er sich zusätzlich aus dem Panslawismus nähren konnte, verband er sich um so leichter mit dem von der Sowjetunion eingeführten Kommunismus. So erklärt sich zum Beispiel, daß der Großteil der tschechischen Industriearbeiterschaft im Februar 1948 dem Kommunistenführer Gottwald half, die – freilich schon eingeschränkte und unterminierte – Demokratie zu zerschlagen. Doch längst hat sich in Zwischeneuropa der Nationalismus vom Kommunismus gelöst. Das Nationalbewußtsein hat sich selbständig gemacht und füllt die Leere, die das Schrumpfen des Kommunismus hinterläßt. Es greift vom Volk auf die Partei über und dringt sogar in deren Führungskörper ein. Das Ergebnis ist ein sich ausbreitender Nationalkommunismus.

Selbst in der Sowjetunion erreicht heute die Führung das Volk weniger mit Hilfe der marxistisch-leninistischen Ideologie und ihrer Praxis als mit einem großrussischen Imperialismus. Ihm steht allerdings im Wege, daß in der Sowjetunion die Nicht-Russen schon die Mehrheit sind. Russifizierung der nichtrussischen Völker und, für die Zwischenzeit, Verbreitung eines »Sowjetpatriotismus« heißen die Gegenmittel.

Am leichtesten läßt sich der Rückgang des Kommunismus in der westlichen und der Dritten Welt verfolgen, jedenfalls dort, wo es freie Wahlen gibt. Die italienische kommunistische Partei, die stärkste im Westen, stagniert; die französische schrumpft; die spanische versinkt in Bedeutungslosigkeit; die übrigen im Westen braucht man erst gar nicht zu erwähnen. Nur dort, wo sich der Kommunismus mit Hilfe der Gewehrläufe des Staates bemächtigt hat, sitzt er fest, so in Indochina, Kuba oder Angola. Aber von dort wirkt er längst abschreckend, abstoßend auf die Umgebung. Die Erleichterung, mit der man in der Region die amerikanische Landung auf Grenada beobachtete, ist lehrreich.

Der Sowjet-Kommunismus habe seine vorwärtstreibende Kraft verloren, sagt der italienische Kommunistenführer Berlinguer, und er hat recht. Heute halten sich die »werktätigen Massen« entweder zu bürgerlich-christlich-sozialen Parteien, oder sie streben einem vieldeutigen populistischen Sozialismus zu, wie er sich am auffälligsten in den europäischen Mittelmeerländern herausbildet. Ihn betrachtet die Sowjetmacht mit gemischten Gefühlen. Einerseits gibt es am äußersten linken Rand eines jeden Sozialismus Sehnsucht zum Brückenschlag hinüber in den »realen Sozialismus«, andererseits kann der westliche Sozialismus ansteckend in ihr Imperium hineinwirken. Sicheren Nutzen hat die Sowjetunion von ihm erst, wenn er sich mit Verteidigungsmüdigkeit, Neutralismus, Antiamerikanismus verbindet. Davon kann sie sich westliche Verteidigungsschwäche, Erpreßbarkeit erhoffen.

Dem entspricht ihre Innen- und Außenpolitik. Das Moskauer Politbüro versucht nicht ernsthaft, die kommunistische politische Ordnung den Untertanen anziehender zu machen. Arbeiterselbstverwaltung, Belebung des Rätesystems, Öffnung der Partei zum Volk, Bürgerfreiheiten – nichts von alledem wird betrieben. An eine Weiterentwicklung der Ideologie, die dem Marxismus-Leninismus wieder etwas Erregendes geben könnte (und sei es auch nur für Intellektuelle), ist unter Andropow und Tschernenko so wenig zu denken wie vorher unter Breschnew und Suslow. Nicht einmal für ein besseres materielles Leben tut die Führung viel. Zwar verlangt sie beständig Remedur auf allen Feldern der Wirtschaft; doch ist sie bisher nicht bereit, dafür den unvermeidlichen politischen Preis zu zahlen. Die Disziplinierungskampagnen Andropows können nur zu Augenblickserfolgen führen. Die von ihm angestoßenen Vereinfachungen im Leitungsmechanismus der Sowjetwirtschaft scheinen vor allem dazu bestimmt, das Gestrüpp von Kompetenzen zu lichten, damit die Ökonomie leichter von ganz oben kommandierbar werde. So sähe auch das Reformprogramm eines Politbüro-Marschalls aus.

Und tatsächlich – das Militärische hat sich in der Politik der Sowjetunion mächtig nach vorn geschoben. Hier schließt sich der Kreis. Die sowjetischen Führer erkennen, daß der Kommunismus drinnen wie draußen daniederliegt, und sie sehen keine Möglichkeit, ihn wiederzubeleben. So wenden sie alles daran, ihren Machtkreis mit physischen Mitteln zu erweitern. Mit militärischer Übermacht wollen sie zum einen ungeschützte Länder in ihr Imperium zwingen (Afghanistan zum Beispiel), zum anderen Weltregionen, die einem Einmarsch nicht offenstehen, unter willensschwächenden Anpassungsdruck setzen (vor allem Westeuropa). In der Begründung solcher Politik taucht der Kommunismus, die »Ideologie«, kaum noch auf – das Politbüro begnügt sich immer mehr mit dem Hinweis auf die Interessen des Moskauer Imperiums.

Ein Volk, das Würde hat
7. Juni 1985

Seltsame Wendungen macht die Geschichte. Dreimal in diesem Jahrhundert wurde Ungarn zu Boden geworfen und gedemütigt. Nach dem Ersten Weltkrieg reduzierten die Siegermächte im Friedensvertrag von Trianon das Land auf ein Drittel seines Territoriums, und ein Drittel aller Ungarn wurde Nachbarstaaten überantwortet. Nach dem Zweiten Weltkrieg bleuten wiederum die Siegermächte, zu denen nun auch die Sowjetunion gehörte, den Ungarn das gehorsame Hinnehmen des Spruchs von Trianon ein. 1956 schoß die sowjetische Armee den ungarischen Volksaufstand zusammen.

Aber heute finden sich die Ungarn von allen Völkern im sowjetischen Lager beneidet. Besucher aus der Tschechoslowakei und dem östlichen deutschen Staat staunen. So vieles, was sie hier beobachten, möchten sie daheim auch haben: volle Läden, anziehende Restaurants, Eleganz auf der Straße, leichtes Reisen in den Westen. Und mancher von den Fremden, der neugieriger ist, erfährt auch, daß man in Ungarn freier redet als fast überall sonst im Block, daß der Führungs-Byzantinismus auf vergleichsweise geringer Höhe gehalten wird.

Den Ungarn ist das alles nicht zugefallen; sie mußten dafür hart arbeiten und tun es immer noch mehr. Freilich weniger in den staatlichen Betrieben – dort ist die Arbeitsmoral schlecht. Aber in der freien Zeit plagen sie sich: auf dem Stück privaten Ackerlandes, beim Bau des eigenen oder eines fremden Hauses, in der privaten Werkstatt eines Bekannten und neuerdings sogar, paradoxerweise, am Arbeitsplatz. Denn der Staat erlaubt den Arbeitern und Ingenieuren, weil er an den Früchten ihres privaten Fleißes we-

nigstens teilhaben möchte, daß sie sich nach dem Ende des regulären Arbeitstages in einer Art privater Arbeitsbrigaden (»Arbeitsgemeinschaften« genannt) im Betrieb zusammenfinden und nach eigenem Programm und auf eigenes Risiko produzieren oder reparieren, wobei in der Regel der Stundenverdienst für den einzelnen doppelt so hoch ausfällt wie sein staatlicher Stundenlohn davor.
Den Fleiß der Ungarn darf man nicht nur ökonomisch deuten; er ist auch eine Ausprägung ihres Sinnes für Würde. Dieses Volk hat einen Stolz, der es ihm verwehrt, sich fallenzulassen. Das aus dem Stolz fließende Selbstbewußtsein hat die Ungarn davor bewahrt, in dem anbrandenden Meer der slawischen Völker und der Deutschen zu versinken, von zwei anderen Kulturen überwältigt zu werden, wie sie es sich in einer tausendjährigen Angst ausmalten. Das Selbstbewußtsein ließ sie zu gestrengen Herren über Slawen, Rumänen und Deutsche werden, als sie es in der zweiten Hälfte des vorigen Jahrhunderts erreicht hatten, Herren in ihrem großen Hause zu sein, im Reich der Stephanskrone. In dem halben Jahrhundert bis zum Ersten Weltkrieg unterzogen sie die nichtungarischen Nationalitäten einer rücksichtslosen Assimilation.
Dieses Selbstbewußtsein aber hielt die Ungarn nach der Katastrophe von 1918 aufrecht. Denn es war weniger Begeisterung für den Leninismus als Wille zur nationalen Selbstbehauptung, der die Ungarn 1919 unter die Fahnen des Kommunisten Bela Kun eilen, dann die tschechische Armee aus der Slowakei vertreiben und dazu noch die rumänische in Schach halten ließ. Ihre Selbstachtung hieß sie 1956, der übermächtigen Sowjetarmee entgegenzutreten. Das war, gewiß, nicht realistisch. Aber die Ungarn machten sich auch nicht vor, daß sie zum Beispiel mit dem Umdrehen von Wegweisern ihre Freiheit und Würde bewahren könnten.

Die Strafe war fürchterlich. Doch wenn die Nation nun auch nicht mehr reden konnte, so brachte sie es immerhin besser als andere im Sowjetblock fertig, zu schweigen. Die Ungarn wissen seit fast drei Jahrzehnten, daß es ihnen auf lange Zeit bestimmt ist, im Bannkreis der Sowjetmacht zu leben. Sie erfüllen pünktlich die ihnen auferlegten Bündnispflichten. Sie ergeben sich nicht einem lodernden Russenhaß. Aber sie biedern sich auch nicht liebedienerisch an.

Sich nicht sinken lassen – nicht in Verwahrlosung, klägliche Schwindeleien, nicht in plumpe Unterwürfigkeit –, dieser Imperativ ist den Ungarn eingeboren. Er bewahrt sie nicht vor schlechten Eigenschaften auf anderen Feldern, nicht vor Irrtümern, schon gar nicht vor Schaden. Er verhilft ihnen vor allem nicht zu einer Unbeschwertheit und Fröhlichkeit, die flüchtige Beobachter von draußen ihnen zuschreiben. Die Ungarn verschließen vielmehr in ihrem Inneren eine tiefe, vom Auf und Ab des Alltags unerreichbare Traurigkeit, die es vielen schwermacht, zu leben. In keinem Land der Welt gibt es so viele Selbstmorde, und in wenigen zerbrechen so viele Ehen wie in Ungarn. Ist die ungarische Nation wie politisch auch seelisch so sehr in Bedrängnis gekommen, weil sie vordem so hoch hatte hinaus wollen? Bezahlt sie in diesem Jahrhundert für das, was sie sich im vergangenen zuviel genommen hatte? Solche Urteile sind fragwürdig, da sie nur eine Nation ins Auge fassen und andere aus den Augen lassen, die für vergleichbaren verwirklichten Ehrgeiz und Machtanspruch nicht büßen mußten. Hat die Geschichte überhaupt eine Moral?

Das sind indessen nicht die Fragen der Ungarn von heute. Sie verdienen sich die ihnen unter Kadar zugestandenen Erleichterungen, die draußen oft zu Unrecht Privilegien genannt werden. Sie hoffen, daß in der Zukunft nach Kadar ihr Leben nicht wieder härter sein wird. Und sie werfen ihre Geschichte nicht weg; weil sie ahnen, daß Geschichtslosigkeit würdelos macht.